Mon journal

5 minutes

La façon la plus simple et efficace
d'être heureux chaque jour

Mon journal
5 minutes

La façon la plus simple et efficace
d'être heureux chaque jour

CRÉÉ PAR
ALEX IKONN ET UJ RAMDAS

ALISIO
L'éditeur des voix qui inspirent

Suivez notre actualité sur **www.alisio.fr**
et sur les réseaux sociaux LinkedIn,
Instagram, Facebook et Twitter !

Créé par Alex Ikonn et UJ Ramdas

Titre original : *The Five-Minute Journal*

Traduction par Juliette Collignon et Martine Julie
Révision faite par Alice Endamne et Agnès Duhamel
Adaptation de maquette : Célia Cousty

une marque des éditions Leduc
10, place des Cinq-Martyrs-du-Lycée-Buffon
75015 Paris – France
www.alisio.fr

Achevé d'imprimer par Elcograf S.P.A.
Via Mondadori 15 - 37131 Verona Italie
Quatrième tirage (mars 2022)
Dépôt légal : juin 2019
ISBN 979-10-92928-89-1

Dédicace

À ceux qui apprennent tout au long de leur vie et à ceux qui osent faire. Vous changez le monde chaque jour.

Cinq raisons pour lesquelles vous aimerez Mon journal 5 minutes

1 **C'est la façon la plus simple et efficace de vous rendre heureux chaque jour.** Il a été prouvé maintes fois que le fait de se focaliser sur le positif a un impact important sur votre bonheur quotidien. La clé est la régularité. Avec une citation positive chaque jour, un défi chaque semaine et une structure pour vous aider à vous concentrer sur le positif, vous trouverez dans *Mon journal 5 minutes* un moyen de bien commencer et de bien finir votre journée.

2 **Ce journal a été conçu à partir de principes efficaces de psychologie positive.** Il a fallu plus de 80 ans à la communauté de la psychologie pour s'apercevoir que le fait de se focaliser sur les choses positives amène à une guérison plus rapide. Cet ouvrage a été créé en combinant les éléments qui peuvent faire une différence dans votre vie. Vous venez de vous épargner des jours et des semaines de navigation à travers un dense jargon académique. Dans ce journal, tout y est : simple et facile à inclure dans votre routine quotidienne.

3 **Ce journal est fait pour ceux qui n'écrivent pas de journal.** Si vous faites partie de ceux qui ont toujours souhaité tenir un journal, mais que la vie et ses excuses ont tenus à l'écart, ne cherchez pas plus loin. *Mon journal 5 minutes* est fait pour vous. Quelles que soient vos excuses pour ne pas tenir de journal, ce cahier les éliminera une à une.

4 **Vous allez créer un souvenir précis de chaque journée, chaque semaine, chaque mois, chaque année.** À quand remonte la dernière fois où vous avez regardé une vieille photo de vous ? Vous êtes-vous arrêté pour ressentir de la nostalgie et vous sourire silencieusement à vous-même ? Imaginez pouvoir vivre la même chose en feuilletant simplement jusqu'à un certain jour d'une année spécifique de votre vie, pouvoir vous remémorer qui vous étiez, ce que vous faisiez et comment vous vous sentiez lors de cette journée. Ce journal sera le recueil de vos souvenirs, de vos idées et de vos rêves.

5 **Vous avez du mal à tenir un engagement ? Tant mieux.** Vous allez adorer *Mon journal 5 minutes* (cf. page 38). À l'intérieur de celui-ci, vous trouverez des astuces pour tenir l'engagement que vous avez pris d'écrire quotidiennement. Combien de fois nous sommes-nous dérobés à un engagement rempli de bienfaits ? Docteurs en surpoids, coachs procrastinants et présidents infidèles à leurs promesses en sont les preuves. Découvrez des méthodes simples et efficaces pour vous permettre de rester fidèle à ce journal. Petit à petit, vous prendrez l'habitude d'écrire dans ce journal de façon quotidienne et cela vous permettra de vous focaliser sur les changements positifs dans votre vie.

Tout cela est possible. En moins de cinq minutes par jour.

Sommaire

12 FONCTIONNEMENT

14 PRINCIPES DE BASE
Le début et la fin

21 ROUTINE DU MATIN
Liste de gratitudes quotidiennes
Créer un jour meilleur
Affirmation du jour

30 ROUTINE DU SOIR
Les Trois Fantastiques
La machine à voyager dans le temps

34 LE DÉFI DE LA SEMAINE

36 MON ENGAGEMENT

38 TENIR UN ENGAGEMENT
Actions et vérités
Assurance fidélité

46 LE JOURNAL

258 *Instants-clés et pauses-café*
260 *Remerciements*
262 *Références*
264 *Notes*

Ceux qui ne croient pas à la magie ne la trouveront jamais.

–Roald Dahl

Mon journal 5 minutes n'est pas une pilule miracle.

Bien qu'une certaine part de magie lui fût insufflée lors de sa création, il vous reste toujours du travail concret à faire dans la vraie vie.

Sortez de votre zone de confort.

Prenez part à l'action et faites apparaître la magie.

Ce journal est votre guide.

Vous êtes prêt.

Fonctionnement

Nous sommes ce que nous faisons de manière répétée. L'excellence n'est donc pas une action mais une habitude.

— Aristote

Il y a des chances que vous tombiez par hasard sur des citations comme celle de Will Durant ci-contre. Les citations ont le pouvoir de remettre nos habitudes en question en une fraction de seconde, et de nous faire penser aux choses que nous devons changer. Même si vous vous considérez comme quelqu'un d'ambitieux, il y a des chances que vous trouviez difficile d'inclure tout un tas de bonnes résolutions dans votre vie.

Vous voyez ? Le bon sens n'est pas si commun.

Et c'est pour cela que 44 % des médecins sont en surpoids. Vous pourriez parier qu'ils ont passé la majorité de leur jeunesse à lire des livres vantant les mérites de l'exercice et de l'alimentation saine. Mais répétez après moi : lire un livre sur le vélo ne vous qualifie pas pour autant pour le Tour de France.

De récentes études sur le contrôle de soi et l'autorégulation associent la volonté à une ressource limitée qui s'use au fil du temps. Les personnes chroniquement anxieuses trouvent difficile de résister à la tentation, allant du simple café au lait jusqu'à la série d'achats compulsifs. Que faut-il faire ? Oublier les achats compulsifs et opter pour le café sans sucre ? Y a-t-il un autre choix ?

Bonne nouvelle, nous vous remettons ce simple petit journal. Mais ne vous laissez pas tromper par son apparence. Simple et non pas simpliste, ce journal contient plusieurs principes qui, assemblés, contribueront à l'élaboration de votre nouvelle vie.

Principes de base

LE DÉBUT ET LA FIN

L'avenir appartient à ceux qui se lèvent tôt.

–Benjamin Franklin

Depuis la nuit des temps, on considère le début et la fin d'une journée comme un moment pour penser, s'évaluer et se corriger. Certaines personnes ont établi des rituels positifs, sans forcément y prêter attention, ce qui leur a permis de s'épanouir.

Contrairement à l'opinion générale, cette pratique du rituel positif n'est pas seulement présente chez les grands PDG de ce monde ou chez les moines bouddhistes.

Nous vous recommandons de faire une place sur votre table de chevet pour un crayon et ce journal. Laissez-le devenir votre premier réflexe en vous levant le matin et votre dernière action en vous couchant le soir. Laissez *Mon journal 5 minutes* prendre cette place, juste à une extension de bras de votre lit. Il vous le rendra.

En cinq minutes par jour environ, vous pouvez établir une atmosphère positive et agir quand vous en avez besoin. C'est la fenêtre de temps idéale pour une productivité maximum, autrement dit : penser abondamment, travailler intelligemment. En avant !

Pourquoi devrais-je écrire ce journal dès mon réveil ?

Avez-vous déjà vécu une journée durant laquelle, dès votre réveil, vous avez eu l'impression que tout marchait comme vous le vouliez ? Que tout était simple, même tellement facile que cela vous faisait sourire ?

Serait-il possible de se sentir comme cela tous les jours ?

Mon journal 5 minutes est fait pour ça. Vous venez de vous réveiller, encore un peu ensommeillé, et vous avez l'opportunité de prendre quelques instants pour choisir la manière dont vous allez vivre cette journée. Ce journal vous posera des questions précises qui entraîneront chez vous des habitudes positives.

Assurez-vous que votre première action de la journée soit d'écrire ce journal, même si :

Vous êtes encore endormi ?
Merci de le partager. Écrivez-le.

Vous vous sentez d'humeur paresseuse ?
Merci de le partager. Écrivez-le.

Vous êtes en retard pour le travail ?
Merci de le partager. Écrivez-le.

Le développement de l'esprit n'est pas un processus facile. Les étapes pour y accéder ne sont pas forcément confortables et il ne vous sera point servi sur un plateau d'argent.

La récompense de tous ces efforts est inestimable. Le développement peut amener des relations profondément satisfaisantes avec les autres, en plus d'une bonne santé incluant de meilleures nuits de sommeil.

La résistance est, quant à elle, l'ennemie du développement. Elle est la cause de la dépression, de la faiblesse et de l'endettement.

En écrivant ce journal quotidiennement, vous jetez la résistance au loin. Vous vous donnez l'opportunité de mûrir. L'opportunité de ne rien lâcher, de continuer à vivre avec toujours plus d'énergie. En écrivant ce journal, vous prenez la résolution de vous faire une place dans ce monde.

Pourquoi devrais-je écrire ce journal juste avant de m'endormir ?

Habituellement, que faites-vous avant de vous coucher ?

Avez-vous une routine ?

Les Français passent en moyenne 3 heures et 36 minutes par jour devant la télévision.

Si, au moment où vous lisez ces mots, la télé n'est plus aussi populaire, vous êtes probablement sur votre ordinateur, smartphone ou toute autre innovation technologique.

La plupart du temps, tout cela se passe juste avant le coucher.

Et si vous choisissiez d'utiliser ce temps pour prendre soin de vous ?

De votre bien-être ?

Écrire *Mon journal 5 minutes* tous les soirs est un pas dans la bonne direction. Laissez-le devenir une partie intégrante de votre routine du soir (nous vous conseillons aussi de vous brosser les dents et d'utiliser du fil dentaire).

Les résultats spectaculaires sont les fruits d'une conception intelligente et d'une constance herculéenne. Prenez par exemple le maintien de l'harmonie dans un couple. Certaines relations sont dignes d'une téléréalité, avec leurs lots conséquents de drames.

D'autres individus, quant à eux, ne se disputent presque jamais et continuent d'approfondir leur amour.

Il y a un secret connu que les couples épanouis partagent entre eux. Cela les rend plus heureux et les aide à nouer des relations durables.

Leur secret : Ils résolvent le moindre conflit avant de se coucher. Avec amour, honnêteté et sincérité.

De la même manière, il est important que vous écriviez ce journal avant d'aller vous coucher. Vous verrez que *Mon journal 5 minutes* vous aidera instantanément à centrer votre attention sur le positif et à court-circuiter les pensées négatives. Peu importe le déroulement de votre journée, vous dormirez un peu mieux de cette façon. Simple, n'est-ce pas ? Assurez-vous d'écrire ce journal avant de vous coucher même si :

Vous avez eu une dure journée ? Merci de le partager. Écrivez-le.

Vous avez une migraine ? Merci de le partager. Écrivez-le.

Vous commencez tôt demain ? Merci de le partager. Écrivez-le.

N'allez jamais vous coucher sans formuler une requête à votre subcons-cient.

–Thomas Edison

Routine du matin

LISTE DE GRATITUDES QUOTIDIENNES

Aujourd'hui, quelles sont les trois choses pour lesquelles vous êtes reconnaissant ?

L'un des meilleurs dons attribués à l'être humain est celui de pouvoir choisir sur quoi concentrer son attention. Si vous êtes de nature calme et posée, vous pourrez facilement tout gérer. Pour les moins zen d'entre nous, la meilleure chose à faire avant de commencer la journée est d'être reconnaissants envers la vie.

C'est l'antithèse du « C'est-pas-mon-jour » et du « Je-me-suis-levé-du-mauvais-pied » . Quel que soit le côté du lit où vous avez placé votre journal, faites en sorte que ce soit le bon côté !

Qu'importe l'endroit où vous vous trouvez, qu'importe votre situation personnelle, vous pouvez choisir de vous concentrer sur le positif. Voici un exemple pratique :

Je suis reconnaissant pour...

1. Le lit douillet dans lequel je dors
2. Mon corps en parfaite harmonie
3. Les amis vrais et sincères présents dans ma vie

Voici notre petit secret pour la rédaction de votre liste : essayez d'inclure dans votre liste de gratitudes des événements qui n'ont peut-être pas encore eu lieu. Disons par exemple que vous voulez vraiment avoir une relation amoureuse épanouie. Écrivez alors... *Je suis reconnaissant pour cette merveilleuse relation que je partage avec la personne de mes rêves.* N'oubliez pas de définir précisément cette personne, ce qui s'avère être un exercice complètement différent.

Qu'est-ce que la gratitude ?

Cette émotion est difficilement qualifiable. La gratitude, dérivée du latin *gratia* (la grâce ou la reconnaissance) refuse toute explication simple et académique. Des définitions telles que « La gratitude est la reconnaissance pour un service, pour un bienfait reçu » semblent belles, couchées sur le papier, mais ne nous avancent pas vraiment. Nous n'allons pas tenter, à la manière des dictionnaires, de cacher l'imprécision de ce terme avec un éloquent babillage.

La gratitude est l'acte d'être reconnaissant envers la vie.

C'est le sentiment qui se résume par le mot « merci ». C'est le **sentiment éprouvé** envers une personne qui nous a rendu service. C'est cette agréable sensation pétillante ressentie dans votre corps qui vous fait sourire aux inconnus.

Pour quelles raisons les scientifiques apprécient-ils la gratitude ?

Plusieurs théories, telles que celle de la Loi d'Attraction, considèrent comme fondamentale la place de la gratitude au sein d'un changement de philosophie de vie.

Une étude de 2003, conduite par Emmons et McCullough, prouve que tenir un journal de gratitudes quotidiennes apporte une amélioration du cycle du sommeil, une réduction des douleurs musculaires, un sentiment de bien-être général et une meilleure capacité à gérer le changement.[4]

En creusant un peu plus dans le domaine des neurosciences, on retrouve une autre étude illustrant l'effet immédiat de la gratitude sur notre bien-être. En fin de compte, la gratitude pourrait être la pilule miracle pour accéder au bonheur (ne voyez pas ici une apologie des substances illicites).

Lors d'une étude en 2008 où les sujets éprouvant de la gratitude furent étudiés sous IRM (Image à Résonnance Magnétique), les scientifiques ont découvert que ce sentiment avait un effet immédiat sur l'hypothalamus humain.[5]

Qu'est-ce donc que l'hypothalamus, nous direz-vous ?

L'hypothalamus est cette petite partie de notre cerveau qui influence directement notre sommeil, notre digestion et notre stress. La gratitude stimule aussi la partie de notre cerveau associée à la dopamine – molécule chimique du « do-it-again » - responsable de la création de nouvelles voies d'apprentissage.

Autrement dit : **écrivez dans ce journal.** Chaque matin et chaque soir – c'est le remède le plus proche d'une pilule magique.

CRÉER UN JOUR MEILLEUR

Que vais-je faire pour qu'aujourd'hui soit fantastique ?

Vous est-il déjà arrivé d'acheter une nouvelle voiture puis de vous rendre compte que tout le monde possédait le même modèle ? Avez-vous remarqué que lorsque vous portez une certaine teinte de rouge à lèvres, vous devenez automatiquement attentive à la couleur du rouge à lèvres portée par d'autres ? Êtes-vous déjà tombé(e) amoureux(se) et avez-vous fait l'expérience de voir la vie en rose ? Ou avez-vous déjà instinctivement remarqué qu'un individu avait la même coupe de cheveux/tenue vestimentaire que vous ?

Ces expériences sont universelles. Pourquoi arrivent-elles ?

Il y a un petit endroit à l'arrière de votre cerveau appelé le Système d'Activation Réticulé (SAR) qui agit sur votre perception des choses et choisit le filtre à travers lequel vous voyez le monde. Lorsque vous achetez une nouvelle voiture, vous redéfinissez de manière importante vos possessions et votre SAR s'accommode à votre nouvelle acquisition. Partout où vous allez, votre SAR vous rappellera gentiment ce changement en vous montrant du doigt les personnes qui ont la même voiture que vous.

Quand vous complétez la section « Que vais-je faire pour qu'aujourd'hui soit fantastique ? », vous influencez votre SAR pour qu'il vous pointe du doigt les activités qui vous feront passer une agréable journée. En complétant cette section, vous construisez de nouvelles connexions dans votre cerveau qui vous permettent de visualiser ce qui pourrait améliorer votre bien-être quotidien.

Vous inscrivez un nouveau programme dans votre esprit qui vous apprend naturellement à améliorer votre bonheur. Faire cela régulièrement vous fait vivre de meilleures journées. C'est aussi simple que cela.

Une étude montre que les personnes qui pensent simplement au fait de visionner leur film préféré augmentaient leur niveau d'endorphine (la molécule responsable du bonheur et du bien-être) de 27 %. La partie la plus agréable d'une activité est souvent l'anticipation.

Pour illustrer cela par un exemple, laissez-nous vous présenter Katie. C'est une jeune femme ambitieuse et sa partie préférée du *Mon journal 5 minutes* est la section « *Que vais-je faire pour qu'aujourd'hui soit fantastique ?* » car cela lui donne la possibilité d'écrire toutes les idées qui lui passent par la tête pour pimenter sa journée. Dès qu'elle se réveille, elle prend une minute avant d'écrire dans cette section.

Voici à quoi ressemble un jour ordinaire dans son journal :

Que vais-je faire pour qu'aujourd'hui soit fantastique ?

1. Prendre du temps pour moi avant de quitter le bureau
2. Envoyer un petit mot de remerciement à maman
3. Aller au lit avant 22h

Remarquez comme elle prend soin d'écrire des choses dont elle a le contrôle. Elle pourrait écrire « Qu'il fasse beau ». En revanche, elle n'a aucun contrôle sur le fait qu'il fasse beau ou non. Elle se concentre sur les actions qu'elle peut faire pour rendre sa journée agréable. Allez, c'est à votre tour maintenant. Comment pourriez-vous rendre votre journée agréable ?

AFFIRMATION DU JOUR

Une affirmation de ce que vous voulez dans la vie

Si vous avez lu ces dernières pages, il y a de grandes chances que vous soyez intéressé par la création de quelque chose de merveilleux dans votre vie et vous allez y arriver. Vous avez une idée de la personne que vous voulez devenir et du futur que vous voulez construire.

Passons à une étude conduite par Alia Crum de l'université de Harvard et par Ellen Langer pendant laquelle elles ont mené une expérience pour étudier l'effet d'une série de stimulus sur le cerveau du personnel de plusieurs hôtels. La moitié des participants fut informée du nombre de calories que leur activité professionnelle leur faisait brûler par jour. Ces mêmes informations ne furent pas divulguées au deuxième groupe d'individus.

Quelques semaines plus tard, les chercheurs découvrirent que le premier groupe qui avait été amené à voir son travail comme un exercice physique avait perdu du poids. Ces individus n'avaient pourtant pas travaillé plus que leurs collègues (l'autre moitié du groupe à qui l'on n'avait pas présenté l'activité professionnelle comme une activité physique).[6]

On peut alors se poser la question suivante – comment faire en sorte que mon cerveau privilégie les choses de mon choix ?

L'affirmation du Jour est une phrase simple qui définit la personne que vous souhaitez devenir. À chaque fois que vous écrivez l'affirmation du jour, vous créez un stimulus dans votre cerveau qui implante cette idée dans votre esprit. Avec régularité, ce changement s'opérera graduellement de l'intérieur.

Voici ce que cela donne en pratique : disons que John veut augmenter sa confiance en lui dans la vie de tous les jours. Il se réveille le matin et note alors dans son journal :

Affirmation du jour

J'ai confiance en moi et je me sens bien dans ma peau

Au fil de sa journée, il va naturellement commencer à voir le monde de cette perspective positive. Disons qu'il achète du thé en souriant à la caissière. Son subconscient va lui souffler à l'oreille : « Hé, ça arrive parce que tu as confiance en toi et parce que tu te sens bien dans ta peau ! » Chaque jour, en écrivant dans *Mon journal 5 minutes*, il ancre cette affirmation dans son esprit.

Ne sous-estimez pas la puissance de cet exercice. Si Will Smith, Jim Carrey et Arnold Schwarzenegger reconnaissent la valeur d'un tel exercice, vous pouvez, vous aussi, y arriver.

Voici quelques exemples d'affirmations :

Affirmation du jour

Je croque la vie à pleines dents et je lui donne du sens

Vous pouvez aussi vous emballer ou écrire des choses très précises :

Je vis une relation amoureuse belle et passionnée

Je gagne 100 000 € par an

C'est la répétition d'affirmations qui mène à la croyance. Et une fois que cette croyance devient une conviction profonde, les choses commencent à se produire.

–Mohamed Ali

Routine du soir

LES TROIS FANTASTIQUES

Quelles sont les trois choses fantastiques qui vous sont arrivées aujourd'hui ?

Le meilleur moment de la journée est probablement celui où vous prenez le temps de faire la liste de toutes les choses positives qui sont survenues le jour même – grandes comme petites.

Les Trois Fantastiques sont votre collection personnelle d'événements merveilleux, prévus et imprévus, que vous avez vécus au cours de la journée.

Pour illustrer l'efficacité de cette section, nous nous tournons vers Quora.com – une plateforme virtuelle qui permet aux personnes intelligentes de par le monde de partager et échanger leurs points de vue, leurs questionnements et leur savoir. Une question liée au bonheur attira une réponse remarquable de la part d'un marketer social, Brad Einarsen, qui fut soutenue par des psychologues reconnus tels que BJ Fogg.

Voici sa stratégie :

> *Alors que je traversais une passe difficile, j'ai inventé une règle qui a changé ma vie.*
>
> *Cette règle : lorsque je rentre du travail, la première chose que je fais, c'est raconter à ma femme la meilleure chose qui me soit arrivée dans la journée.*
>
> *Pas d'événement exceptionnel, pas de plaintes, juste la meilleure chose de votre journée, même si ce n'était qu'une bonne tasse de café. Cela nous a permis de commencer chaque soirée sur une note positive et a changé notre vie de couple.*
>
> -BRAD EINARSEN

Cette habitude peut changer votre vie de famille. En écrivant les Trois Fantastiques, vous listez, à la manière d'Einarsen, vos joies de la journée. Cela incite votre cerveau à se concentrer sur le positif et changera non seulement vos relations avec les autres mais aussi la relation que vous entretenez avec vous-même.

Pendant les premières semaines d'écriture de vos Trois Fantastiques, commencez par des choses simples :

3 choses fantastiques qui me sont arrivées aujourd'hui...

1. Un ami m'a recommandé un très beau livre
2. J'ai fait une très belle promenade dans le parc
3. Le barman s'est souvenu de la façon dont j'aime mon café

Petit à petit, vous trouverez des exemples de plus en plus marquants. À travers la magie de la répétition, cette liste ne fera que s'améliorer. Pensez à jeter un coup d'œil de temps en temps à vos listes du mois précédent pour vous rendre compte du changement et du progrès réalisés.

LA MACHINE À VOYAGER DANS LE TEMPS

Si vous pouviez voyager dans le temps et changer quelque chose que vous avez fait aujourd'hui, quelle serait cette chose ?

Dans les films, de *Retour vers le Futur* en passant par *Eternal Sunshine of the Spotless Mind*, la possibilité de voyager dans le temps pour effacer les erreurs du passé est un thème universel.

Tirons avantage de ce concept. Cet exercice est pour vous l'occasion de retourner dans le passé de manière imaginaire et de changer cette chose que vous avez faite pendant la journée.

Cela pourrait être dire (ou ne pas dire) quelque chose à quelqu'un.

Cela pourrait être se réveiller plus tôt.

Cela pourrait être faire confiance à son instinct pour prendre une décision.

Cette section vous rappelle que vous avez le pouvoir de changer votre perception des événements passés et ainsi influencer le futur. Vous façonnez votre futur de la même manière que le font les athlètes de haut niveau et les astronautes de la NASA. Cette technologie est à votre disposition. C'est la magie contenue entre vos deux oreilles.

Comment ça marche : Votre perception façonne votre réalité. Nous avons déjà démontré que stimuler votre cerveau pour que celui-ci se concentre sur le positif était une manière incroyablement efficace de bien commencer la journée. En revanche, au cours de la journée, il est fortement probable que le naturel revienne au galop.

Les frustrations du quotidien (comme être coincé dans les bouchons) nous ramènent à nos anciennes habitudes : succomber au ras-le-bol. Voici comment vous pouvez y remédier – en rédigeant la section « Comment aurais-je fait pour rendre cette journée encore meilleure ? » de votre journal. Vous avez ainsi la possibilité de revoir les choses telles que vous auriez voulu les faire et mettre en perspective les choses que vous pouvez changer pour améliorer votre journée.

Disons que Rob est entré dans un magasin et a vu une belle femme. Il l'a regardée, sous le charme, mais n'a pas eu le courage de l'approcher et de lui dire bonjour. Il s'en est sûrement voulu intérieurement. Heureusement, tout n'est pas perdu. Lorsqu'il écrit dans cette section de *Mon journal 5 minutes* le soir même, il réalise qu'il aurait eu le courage de la saluer s'il avait la possibilité de revenir en arrière. Il inscrit alors :

Comment aurais-je fait pour rendre cette journée encore meilleure ?

Je me suis approché de l'inconnue du magasin et lui ai dit bonjour

Et il commence ainsi à créer une habitude où il se focalise sur ses problèmes quotidiens et réfléchit aux actions à entreprendre pour les résoudre. Avec le temps, cet exercice peut changer votre perspective entière sur tous vos problèmes et vous aidera à agir automatiquement de la manière voulue.

Voici d'autres exemples :

Je fais mon lit le matin

J'appelle ma mère pour prendre de ses nouvelles

La plupart des personnes se surprennent à sourire en écrivant ces lignes (c'est un indice !).

Le défi de la semaine

Le défi de la semaine vous encourage à sortir de votre zone de confort, et à aller là où le vrai épanouissement se fait. Il vous sera indiqué chaque semaine de façon aléatoire, à la place de la citation du jour.

La véritable grandeur d'un homme ne se mesure pas à des moments où il est à son aise, mais lorsqu'il traverse une période de controverses et de défis.

–Martin Luther King, Jr.

Il y a quelques milliers d'années, nos ancêtres faisaient face à toutes sortes de défis plus ou moins dangereux : rester au chaud par des températures glaciales ou encore se battre contre des animaux sauvages et autres tribus afin d'assurer leur survie. Tel était le quotidien de l'Homme du paléolithique, qui avec sa nature incroyablement adaptable a pu traverser guerres, famines et l'âge de glace.

Avancez de quelques milliers d'années : le plus grand défi des jeunes adultes semble être d'atteindre le niveau 3 du dernier jeu sur smartphone disponible sur le marché. Sacré progrès en effet.

Les défis de la semaine donnés dans ce livre vous aideront à découvrir vos peurs et à les traiter en alliées dans votre développement personnel. Prenez chaque défi comme une mission, une expérience enrichissant votre quotidien. Vous pourriez bien vous amuser.

Mon engagement

Je soussigné, Chloe Moore, m'engage à écrire *Mon journal 5 minutes* pendant au moins 5 jours à la suite à compter du 1er Mai.

Écrire dans ce journal est très important pour moi parce que :

Je veux vivre ma vie pleinement

Je veux créer de plus beaux moments dans ma vie

Je cherche à donner un peu plus de sens à mon existence

Si j'écris dans ce journal 5 jours d'affilée, je me récompenserai avec

Une escapade au ski en amoureux

Si je n'écris pas dans ce journal 5 jours d'affilée, je promets de

Faire un don de 100 € à une association que je n'aime pas

Pour m'assurer d'écrire tous les jours dans *Mon journal 5 minutes* :

Je placerai Mon journal 5 minutes sur ma table de chevet

Je ne me brosserai les dents qu'après avoir écrit dans mon journal

Je ne programmerai mon réveil qu'après avoir écrit dans mon journal du soir

Je partagerai mon engagement avec quelqu'un que j'aime

Je boirai un onctueux chocolat chaud après avoir écrit mon journal du matin

REMPLISSEZ LES BLANCS

Je soussigné, _______________, m'engage à écrire *Mon journal 5 minutes* pendant au moins 5 jours d'affilée à compter du _______.

Écrire dans ce journal est très important pour moi parce que :

____

____

____

Si j'écris dans ce journal 5 jours d'affilée, je me récompenserai avec

____

Si je n'écris pas dans ce journal 5 jours d'affilée, je promets de

____

Pour m'assurer d'écrire tous les jours dans *Mon journal 5 minutes* :

____

____

____

____

____

____

____

____

Tenir un engagement

Le progrès n'est pas inévitable.
Le changement l'est.

—Anonyme

Félicitations ! Vous venez de vous engager pour 5 jours consécutifs d'aventures avec ce journal. Et tout le monde s'accorde à dire qu'en se poussant à accomplir une action précise tous les jours, cette action devient, à la longue, une habitude. Pour vous donner un coup de pouce et vous assurer de tenir cet engagement, voici quelques faits :

La mauvaise nouvelle : Une étude de 2010 démontre que 88 % des personnes qui prennent des bonnes résolutions le 1er jour de l'an les abandonnent.

La bonne nouvelle : Vous êtes plus fort que ça ! Vous avez déjà entrepris plusieurs actions pour vous assurer de tenir votre engagement.

Une nouvelle encore meilleure que la précédente : Les pages qui suivent contiennent des astuces ainsi que les bonnes raisons de tenir cet engagement qui consolideront votre promesse.

Actions & vérités

Comment savoir si vous vous êtes amélioré sur le plan personnel au cours de ces trois dernières années ?

Impossible de le savoir, à moins d'en prendre note. Nous avons généralement tendance à penser que nous sommes plus matures, plus intelligents et plus sages que lorsque nous avions 15 ans. Un ignorant âgé d'une vingtaine d'années est bien parti pour devenir un octogénaire encore étonnamment plus ignorant. À l'inverse, un adolescent curieux en quête de sagesse pourrait bien devenir au fil des ans un octogénaire incroyablement sage et cultivé. Pourquoi cette différence ? Continuons notre lecture.

La première vérité qui fait peur

DE MINUSCULES ACTIONS DANS VOTRE VIE MÈNERONT À DE GRANDES AMÉLIORATIONS (ET À DES DIFFICULTÉS)

Ce forum des métiers vous offre l'opportunité d'accéder au poste de vos rêves. Un de vos nouveaux amis, féru de sport, vous encourage à exercer une activité régulière et ceci vous aide à vous maintenir en forme. Vous lever du bon pied vous aide à vivre des journées plus productives que dans le passé. C'est là l'objectif du journal que vous tenez entre vos mains.

Hélas, tous les changements ne sont pas que positifs. Cet embouteillage le jour de votre entretien vous empêche de décrocher le job de vos rêves. Cette tante aigrie ne vous laisse pas fermer l'œil de la nuit, vous amenant à rejouer des centaines de scénarios dans votre tête quant à ce que vous auriez dû dire ou faire pour lui faire plaisir.

Heureusement, l'univers n'est pas que chaos. Réfléchissez-y, il y a toujours des schémas répétitifs, lignes directrices et rythmes naturels qui valent la peine d'être découverts par notre esprit. C'est libérateur.

La seconde vérité qui fait peur

SI VOUS N'AVANCEZ PAS, IL Y A DE GRANDES CHANCES QUE VOUS SOYEZ EN TRAIN DE RÉGRESSER. ON NE RESTE JAMAIS IMMOBILE DANS LA VIE.

À moins que vous ne notiez le déroulement de votre journée de façon méticuleuse, en l'analysant complètement, et en déterminant lesquelles sont réalisées efficacement ou non, vos occupations quotidiennes ne diffèrent pas vraiment du broutement inconscient d'une vache dans son pré : vous n'avez aucun objectif précis, pas de fil conducteur reliant vos actions entre elles — elles sont plongées dans l'inconscient. Apprenez à grandir à travers la réflexion.

La vérité qui libère

LA BONNE ACTION EST LA SOLUTION UNIVERSELLE À TOUS LES PROBLÈMES

Asseyez-vous avec une tasse de votre boisson préférée et prenez le temps de réfléchir aux questions suivantes :

Quel est votre plus grand défi ?

Cela peut aller de la création d'une meilleure relation amoureuse à la volonté de se sentir mieux dans sa peau en passant par la volonté de gagner plus d'argent. Les probabilités qu'il y ait quelque chose de la sorte dans votre esprit sont grandes. Inscrivez-le.

____

____

____

Quelle affirmation personnelle vous aiderait à tout changer ?

Créez une affirmation personnelle qui remédierait au défi que vous venez d'écrire. Tout défi a un remède. Utilisez cette affirmation dans votre journal par la suite. Respectez cette affirmation jusqu'à ce qu'elle devienne une réalité dans votre vie. Relisez-la pour la graver dans votre esprit avant de passer à la suivante. Exemples :

Je donne et je reçois un amour profond

Je me sens svelte et en forme

Je me sens investi et je fais au mieux chaque jour

Je suis le mode de vie de mes rêves

Votre déclaration personnelle :

____

____

____

____

Quels sont les trois obstacles majeurs à l'écriture quotidienne de ce journal (matin/soir) ?

1. ____
2. ____
3. ____

Écrivez deux actions que vous pouvez faire pour surmonter chaque obstacle et vous assurer que vous ne succombiez pas à la paresse.

1. ____

____

2. ____

____

3. ____

____

La clé de la croissance est d'apprendre à faire des promesses et à les tenir.

- Stephen R. Covey

Assurance fidélité

Choisissez une façon de vous assurer d'écrire dans le journal :

• Nous avons créé une newsletter hebdomadaire pour vous aider à rester fidèle à votre engagement envers *Mon journal 5 minutes*. Rendez-vous sur le site *www.intelligentchange.com* (en anglais) et inscrivez-vous pour recevoir nos e-mails.

• Choisissez un ami proche ou un membre de votre famille sur lequel vous pouvez compter pour vous rappeler votre engagement (cela vous sera d'autant plus facile si vous choisissez la personne qui vous a offert ce journal).

• Si vous êtes plus à l'aise avec un papier et un crayon, marquez d'une croix dans le calendrier chaque jour où vous avez utilisé *Mon journal 5 minutes*. Rien ne vaut un rappel visuel de votre progrès.

• Des applications sont à votre disposition sur *www.coach.me* ou *www.stickk.com* (en anglais) pour vous aider à respecter cet engagement.

Choisissez votre méthode préférée, et c'est parti !

Le Journal

DATE 07 / 05 / 2018 

La gratitude est non seulement la plus grande des vertus mais la mère de tous les autres.

CICÉRON

Je suis reconnaissant pour...

1. Le lit douillet dans lequel je dors
2. Mon corps qui est en parfaite harmonie
3. Les amis incroyables que j'ai

Que vais-je faire pour qu'aujourd'hui soit fantastique ?

1. Prendre du temps pour moi avant d'aller travailler
2. Envoyer un mot de remerciement à Maman
3. Aller me coucher avant 22 heures

L'affirmation du jour

J'ai confiance en moi, je suis bien dans ma peau et je croque la vie à pleines dents

3 choses fantastiques qui me sont arrivées aujourd'hui...

1. Je me suis souvenu d'utiliser du fil dentaire
2. Un ami m'a recommandé un très beau livre
3. J'ai vu un bel inconnu au café du coin

Comment aurais-je pu rendre cette journée encore meilleure ?

En m'étant levé dès que mon réveil a sonné

En étant allé au sport ce matin

DATE ____ / ____ / 20____

Et soudain l'on sait qu'il est temps de commencer quelque chose de nouveau et de faire confiance à la magie du commencement.

MAÎTRE ECKHART

Je suis reconnaissant pour...

1. ____________________
2. ____________________
3. ____________________

Que vais-je faire pour qu'aujourd'hui soit fantastique ?

1. ____________________
2. ____________________
3. ____________________

L'affirmation du jour

____

____

3 choses fantastiques qui me sont arrivées aujourd'hui...

1. ____________________
2. ____________________
3. ____________________

Comment aurais-je pu rendre cette journée encore meilleure ?

____

____

DATE ____ / ____ / 20______

Lorsque nous exprimons notre gratitude, nous ne devons jamais oublier que la profonde gratitude n'est pas de lancer des paroles, mais de vivre par elles.

JOHN F. KENNEDY

Je suis reconnaissant pour...

1. ______________________________
2. ______________________________
3. ______________________________

Que vais-je faire pour qu'aujourd'hui soit fantastique ?

1. ______________________________
2. ______________________________
3. ______________________________

L'affirmation du jour

____

____

3 choses fantastiques qui me sont arrivées aujourd'hui...

1. ______________________________
2. ______________________________
3. ______________________________

Comment aurais-je pu rendre cette journée encore meilleure ?

____

____

DATE ____/____/20______

DÉFI DE LA SEMAINE

Cela fait longtemps que je souhaitais contacter cet ami. J'appellerai ____________ aujourd'hui.

Je suis reconnaissant pour...

1. ______
2. ______
3. ______

Que vais-je faire pour qu'aujourd'hui soit fantastique ?

1. ______
2. ______
3. ______

L'affirmation du jour

______

______

3 choses fantastiques qui me sont arrivées aujourd'hui...

1. ______
2. ______
3. ______

Comment aurais-je pu rendre cette journée encore meilleure ?

______

______

DATE ____ / ____ / 20______

Il n'y a qu'une façon d'apprendre, c'est par l'action.

PAULO COELHO

Je suis reconnaissant pour...

1. ______
2. ______
3. ______

Que vais-je faire pour qu'aujourd'hui soit fantastique ?

1. ______
2. ______
3. ______

L'affirmation du jour

______

______

3 choses fantastiques qui me sont arrivées aujourd'hui...

1. ______
2. ______
3. ______

Comment aurais-je pu rendre cette journée encore meilleure ?

______

______

DATE ____ / ____ / 20____

C'est un jour merveilleux, que je n'ai jamais vu auparavant.

MAYA ANGELOU

Je suis reconnaissant pour...

1. ______
2. ______
3. ______

Que vais-je faire pour qu'aujourd'hui soit fantastique ?

1. ______
2. ______
3. ______

L'affirmation du jour

______

______

3 choses fantastiques qui me sont arrivées aujourd'hui...

1. ______
2. ______
3. ______

Comment aurais-je pu rendre cette journée encore meilleure ?

______

______

DATE ____ / ____ / 20____

Aimer et gagner sont les meilleures choses au monde,
aimer et perdre sont les suivantes.

WILLIAM MAKEPEACE THACKERAY

Je suis reconnaissant pour...

1. ______________________________
2. ______________________________
3. ______________________________

Que vais-je faire pour qu'aujourd'hui soit fantastique ?

1. ______________________________
2. ______________________________
3. ______________________________

L'affirmation du jour

____

____

3 choses fantastiques qui me sont arrivées aujourd'hui...

1. ______________________________
2. ______________________________
3. ______________________________

Comment aurais-je pu rendre cette journée encore meilleure ?

____

____

DATE ____ / ____ / 20____

La reconnaissance et l'attitude ne sont pas des défis, ce sont des choix.

Robert Braathe

Je suis reconnaissant pour...

1. ______
2. ______
3. ______

Que vais-je faire pour qu'aujourd'hui soit fantastique ?

1. ______
2. ______
3. ______

L'affirmation du jour

______

______

3 choses fantastiques qui me sont arrivées aujourd'hui...

1. ______
2. ______
3. ______

Comment aurais-je pu rendre cette journée encore meilleure ?

______

______

DATE ____ / ____ / 20____

Une personne peut réussir à presque n'importe quoi si elle a un enthousiasme illimité.

CHARLES SCHWAB

Je suis reconnaissant pour...

1. ______
2. ______
3. ______

Que vais-je faire pour qu'aujourd'hui soit fantastique ?

1. ______
2. ______
3. ______

L'affirmation du jour

______

______

3 choses fantastiques qui me sont arrivées aujourd'hui...

1. ______
2. ______
3. ______

Comment aurais-je pu rendre cette journée encore meilleure ?

______

______

DATE ____ / ____ / 20______

DÉFI DE LA SEMAINE

Un de mes livres préférés est ________________
M'engager à le lire/feuilleter aujourd'hui.

Je suis reconnaissant pour...

1. ______________________
2. ______________________
3. ______________________

Que vais-je faire pour qu'aujourd'hui soit fantastique ?

1. ______________________
2. ______________________
3. ______________________

L'affirmation du jour

____

____

3 choses fantastiques qui me sont arrivées aujourd'hui...

1. ______________________
2. ______________________
3. ______________________

Comment aurais-je pu rendre cette journée encore meilleure ?

____

____

DATE ____ / ____ / 20______ 

Aux yeux du monde, vous pouvez n'être qu'une personne, mais aux yeux d'une personne, vous pouvez représenter le monde.

BRANDI SNYDER

Je suis reconnaissant pour...

1. ______________________________
2. ______________________________
3. ______________________________

Que vais-je faire pour qu'aujourd'hui soit fantastique ?

1. ______________________________
2. ______________________________
3. ______________________________

L'affirmation du jour

____

____

3 choses fantastiques qui me sont arrivées aujourd'hui...

1. ______________________________
2. ______________________________
3. ______________________________

Comment aurais-je pu rendre cette journée encore meilleure ?

____

____

DATE ____ / ____ / 20____

L'inquiétude est comme une chaise à bascule, elle vous gardera occupé, mais ne vous emmènera nulle part.

VANCE HAVNER

Je suis reconnaissant pour...

1. ______
2. ______
3. ______

Que vais-je faire pour qu'aujourd'hui soit fantastique ?

1. ______
2. ______
3. ______

L'affirmation du jour

______

______

3 choses fantastiques qui me sont arrivées aujourd'hui...

1. ______
2. ______
3. ______

Comment aurais-je pu rendre cette journée encore meilleure ?

______

______

DATE ____ / ____ / 20____

La vie se rétracte ou se dilate à proportion de notre courage.

ANAÏS NIN

Je suis reconnaissant pour...

1. ______________________________
2. ______________________________
3. ______________________________

Que vais-je faire pour qu'aujourd'hui soit fantastique ?

1. ______________________________
2. ______________________________
3. ______________________________

L'affirmation du jour

____

____

3 choses fantastiques qui me sont arrivées aujourd'hui...

1. ______________________________
2. ______________________________
3. ______________________________

Comment aurais-je pu rendre cette journée encore meilleure ?

____

____

DATE ____ / ____ / 20____

La vie, c'est comme une bicyclette.
Il faut avancer pour ne pas perdre l'équilibre.

Albert Einstein

Je suis reconnaissant pour...

1. ____________________
2. ____________________
3. ____________________

Que vais-je faire pour qu'aujourd'hui soit fantastique ?

1. ____________________
2. ____________________
3. ____________________

L'affirmation du jour

____

____

3 choses fantastiques qui me sont arrivées aujourd'hui...

1. ____________________
2. ____________________
3. ____________________

Comment aurais-je pu rendre cette journée encore meilleure ?

____

____

DATE ____ / ____ / 20______

Si vous détestez une personne, vous détestez quelque chose en elle qui fait partie de vous-même. Ce qui ne fait pas partie de nous-mêmes ne nous perturbe pas.

HERMANN HESSE

Je suis reconnaissant pour...

1. ______
2. ______
3. ______

Que vais-je faire pour qu'aujourd'hui soit fantastique ?

1. ______
2. ______
3. ______

L'affirmation du jour

______

______

3 choses fantastiques qui me sont arrivées aujourd'hui...

1. ______
2. ______
3. ______

Comment aurais-je pu rendre cette journée encore meilleure ?

______

______

DATE ____ / ____ / 20______

DÉFI DE LA SEMAINE

Danser de manière spontanée pendant une minute.

Je suis reconnaissant pour...

1. ______
2. ______
3. ______

Que vais-je faire pour qu'aujourd'hui soit fantastique ?

1. ______
2. ______
3. ______

L'affirmation du jour

______

______

3 choses fantastiques qui me sont arrivées aujourd'hui...

1. ______
2. ______
3. ______

Comment aurais-je pu rendre cette journée encore meilleure ?

______

______

DATE ____ / ____ / 20____

L'amour seul connaît le secret de s'enrichir en donnant.

SOCRATE

Je suis reconnaissant pour...

1. ______
2. ______
3. ______

Que vais-je faire pour qu'aujourd'hui soit fantastique ?

1. ______
2. ______
3. ______

L'affirmation du jour

______

______

3 choses fantastiques qui me sont arrivées aujourd'hui...

1. ______
2. ______
3. ______

Comment aurais-je pu rendre cette journée encore meilleure ?

______

______

DATE ____ / ____ / 20____

La simplicité est la sophistication suprême.

LÉONARD DE VINCI

Je suis reconnaissant pour...

1. ______
2. ______
3. ______

Que vais-je faire pour qu'aujourd'hui soit fantastique ?

1. ______
2. ______
3. ______

L'affirmation du jour

______

______

3 choses fantastiques qui me sont arrivées aujourd'hui...

1. ______
2. ______
3. ______

Comment aurais-je pu rendre cette journée encore meilleure ?

______

______

DATE ____ / ____ / 20____

La plus grande des émotions humaines est l'amour. Le plus précieux des dons de l'être humain est la capacité d'apprendre. Alors, apprenez à aimer.

UJ RAMDAS

Je suis reconnaissant pour...

1. ____________________
2. ____________________
3. ____________________

Que vais-je faire pour qu'aujourd'hui soit fantastique ?

1. ____________________
2. ____________________
3. ____________________

L'affirmation du jour

____

____

3 choses fantastiques qui me sont arrivées aujourd'hui...

1. ____________________
2. ____________________
3. ____________________

Comment aurais-je pu rendre cette journée encore meilleure ?

____

____

DATE ____/____/ 20______

Celui qui a une raison de vivre peut presque tout supporter.

FRIEDRICH NIETZSCHE

Je suis reconnaissant pour...

1. ______________________________
2. ______________________________
3. ______________________________

Que vais-je faire pour qu'aujourd'hui soit fantastique ?

1. ______________________________
2. ______________________________
3. ______________________________

L'affirmation du jour

____

____

3 choses fantastiques qui me sont arrivées aujourd'hui...

1. ______________________________
2. ______________________________
3. ______________________________

Comment aurais-je pu rendre cette journée encore meilleure ?

____

____

DATE ____ / ____ / 20______ 

La vie est une histoire que l'on crée chapitre par chapitre.

ALEX IKONN

Je suis reconnaissant pour...

1. ______________________________
2. ______________________________
3. ______________________________

Que vais-je faire pour qu'aujourd'hui soit fantastique ?

1. ______________________________
2. ______________________________
3. ______________________________

L'affirmation du jour

____

____

3 choses fantastiques qui me sont arrivées aujourd'hui...

1. ______________________________
2. ______________________________
3. ______________________________

Comment aurais-je pu rendre cette journée encore meilleure ?

____

____

DATE ____ / ____ / 20 ______

DÉFI DE LA SEMAINE

Une personne que j'aime tendrement est ______________.
Lui écrire une lettre ou un mot pour exprimer mes sentiments à son égard.

Je suis reconnaissant pour...

1. ______________________
2. ______________________
3. ______________________

Que vais-je faire pour qu'aujourd'hui soit fantastique ?

1. ______________________
2. ______________________
3. ______________________

L'affirmation du jour

____

____

3 choses fantastiques qui me sont arrivées aujourd'hui...

1. ______________________
2. ______________________
3. ______________________

Comment aurais-je pu rendre cette journée encore meilleure ?

____

____

DATE ____ / ____ / 20____

Être charismatique ne dépend pas du temps que vous avez mais de votre présence dans chacune de vos interactions.

OLIVIA FOX CABANE

Je suis reconnaissant pour...

1. ______________________
2. ______________________
3. ______________________

Que vais-je faire pour qu'aujourd'hui soit fantastique ?

1. ______________________
2. ______________________
3. ______________________

L'affirmation du jour

____

____

3 choses fantastiques qui me sont arrivées aujourd'hui...

1. ______________________
2. ______________________
3. ______________________

Comment aurais-je pu rendre cette journée encore meilleure ?

____

____

DATE ____ / ____ / 20____

Passez votre temps libre comme vous le souhaitez et non pas comme vous pensez devoir le faire.

SUSAN CAIN

Je suis reconnaissant pour...

1. ____________________
2. ____________________
3. ____________________

Que vais-je faire pour qu'aujourd'hui soit fantastique ?

1. ____________________
2. ____________________
3. ____________________

L'affirmation du jour

____

____

3 choses fantastiques qui me sont arrivées aujourd'hui...

1. ____________________
2. ____________________
3. ____________________

Comment aurais-je pu rendre cette journée encore meilleure ?

____

____

DATE ____ / ____ / 20____

Ce n'est pas que je sois si intelligent, c'est juste que je reste plus longtemps avec les problèmes.

ALBERT EINSTEIN

Je suis reconnaissant pour...

1. ____________________
2. ____________________
3. ____________________

Que vais-je faire pour qu'aujourd'hui soit fantastique ?

1. ____________________
2. ____________________
3. ____________________

L'affirmation du jour

____

____

3 choses fantastiques qui me sont arrivées aujourd'hui...

1. ____________________
2. ____________________
3. ____________________

Comment aurais-je pu rendre cette journée encore meilleure ?

____

____

DATE ____/____/20______

Tout dans la vie bouge et change constamment. La vie, c'est accepter ce changement, car il est inévitable.

MIMI IKONN

Je suis reconnaissant pour...

1. ________
2. ________
3. ________

Que vais-je faire pour qu'aujourd'hui soit fantastique ?

1. ________
2. ________
3. ________

L'affirmation du jour

____

____

3 choses fantastiques qui me sont arrivées aujourd'hui...

1. ________
2. ________
3. ________

Comment aurais-je pu rendre cette journée encore meilleure ?

____

____

DATE ____ / ____ / 20____

Commence déjà à être l'ami de toi-même.
Tu ne seras jamais seul.

SÉNÈQUE

Je suis reconnaissant pour...

1. ______
2. ______
3. ______

Que vais-je faire pour qu'aujourd'hui soit fantastique ?

1. ______
2. ______
3. ______

L'affirmation du jour

______

______

3 choses fantastiques qui me sont arrivées aujourd'hui...

1. ______
2. ______
3. ______

Comment aurais-je pu rendre cette journée encore meilleure ?

______

______

DATE ____ / ____ / 20____

DÉFI DE LA SEMAINE

Faire un don de 10 € à une association caritative de mon choix aujourd'hui.

Je suis reconnaissant pour...

1. ____________________
2. ____________________
3. ____________________

Que vais-je faire pour qu'aujourd'hui soit fantastique ?

1. ____________________
2. ____________________
3. ____________________

L'affirmation du jour

____

____

3 choses fantastiques qui me sont arrivées aujourd'hui...

1. ____________________
2. ____________________
3. ____________________

Comment aurais-je pu rendre cette journée encore meilleure ?

____

____

DATE ____/____/20____

Le défi ultime est de nous accepter exactement tels que nous sommes, mais sans jamais cesser d'essayer d'apprendre et de grandir.

TONY SCHWARTZ

Je suis reconnaissant pour...

1. ____________________
2. ____________________
3. ____________________

Que vais-je faire pour qu'aujourd'hui soit fantastique ?

1. ____________________
2. ____________________
3. ____________________

L'affirmation du jour

____

____

3 choses fantastiques qui me sont arrivées aujourd'hui...

1. ____________________
2. ____________________
3. ____________________

Comment aurais-je pu rendre cette journée encore meilleure ?

____

____

DATE ____ / ____ / 20______

Le bonheur. Aussi simple qu'un chocolat chaud ou aussi tortueux que le coeur. Amer. Sucré. Vivant.

JOANNE HARRIS

Je suis reconnaissant pour...

1. ______
2. ______
3. ______

Que vais-je faire pour qu'aujourd'hui soit fantastique ?

1. ______
2. ______
3. ______

L'affirmation du jour

______

______

3 choses fantastiques qui me sont arrivées aujourd'hui...

1. ______
2. ______
3. ______

Comment aurais-je pu rendre cette journée encore meilleure ?

______

______

DATE ____ / ____ / 20____

Nous ne pouvons pas tous accomplir de grandes choses - seulement de petites choses avec beaucoup d'amour.

MÈRE TERESA

Je suis reconnaissant pour...

1. ____________________
2. ____________________
3. ____________________

Que vais-je faire pour qu'aujourd'hui soit fantastique ?

1. ____________________
2. ____________________
3. ____________________

L'affirmation du jour

____

____

3 choses fantastiques qui me sont arrivées aujourd'hui...

1. ____________________
2. ____________________
3. ____________________

Comment aurais-je pu rendre cette journée encore meilleure ?

____

____

DATE ____ / ____ / 20____

Quand je renonce à ce que je suis, je deviens
ce que je pourrais être.

Lao Tseu

Je suis reconnaissant pour...

1. ______________________________
2. ______________________________
3. ______________________________

Que vais-je faire pour qu'aujourd'hui soit fantastique ?

1. ______________________________
2. ______________________________
3. ______________________________

L'affirmation du jour

____

____

3 choses fantastiques qui me sont arrivées aujourd'hui...

1. ______________________________
2. ______________________________
3. ______________________________

Comment aurais-je pu rendre cette journée encore meilleure ?

____

____

DATE ____ / ____ / 20 ______

Si nous sommes tellement occupés à réussir et ne trouvons pas le temps d'être heureux, alors il est temps de sérieusement reconsidérer notre définition du succès.

MARIA POPOVA

Je suis reconnaissant pour...

1. ____________________
2. ____________________
3. ____________________

Que vais-je faire pour qu'aujourd'hui soit fantastique ?

1. ____________________
2. ____________________
3. ____________________

L'affirmation du jour

____

____

3 choses fantastiques qui me sont arrivées aujourd'hui...

1. ____________________
2. ____________________
3. ____________________

Comment aurais-je pu rendre cette journée encore meilleure ?

____

____

DATE ____ / ____ / 20 ____

DÉFI DE LA SEMAINE

Regarder « Le Pouvoir de la Vulnérabilité » de Brené Brown sur www.ted.com.

Je suis reconnaissant pour...

1. ______
2. ______
3. ______

Que vais-je faire pour qu'aujourd'hui soit fantastique ?

1. ______
2. ______
3. ______

L'affirmation du jour

______

______

3 choses fantastiques qui me sont arrivées aujourd'hui...

1. ______
2. ______
3. ______

Comment aurais-je pu rendre cette journée encore meilleure ?

______

______

DATE ____ / ____ / 20____

Le concept du soi n'est pas statique, emballé dans un joli paquet et offert à l'enfant, fini et complet. Le soi est toujours un concept en devenir.

MADELEINE L'ENGLE

Je suis reconnaissant pour...

1. ____
2. ____
3. ____

Que vais-je faire pour qu'aujourd'hui soit fantastique ?

1. ____
2. ____
3. ____

L'affirmation du jour

____

____

3 choses fantastiques qui me sont arrivées aujourd'hui...

1. ____
2. ____
3. ____

Comment aurais-je pu rendre cette journée encore meilleure ?

____

____

DATE ____ / ____ / 20 ______

Beaucoup d'individus ont une notion erronée de ce qu'est le vrai bonheur. On ne l'atteint pas à travers l'auto-gratification mais en restant fidèle à une cause qui a de la valeur.

HELEN KELLER

Je suis reconnaissant pour...

1. ______________________
2. ______________________
3. ______________________

Que vais-je faire pour qu'aujourd'hui soit fantastique ?

1. ______________________
2. ______________________
3. ______________________

L'affirmation du jour

____

____

3 choses fantastiques qui me sont arrivées aujourd'hui...

1. ______________________
2. ______________________
3. ______________________

Comment aurais-je pu rendre cette journée encore meilleure ?

____

____

DATE ____ / ____ / 20____

Pour récolter du bon, il est utile de vouloir, ou même d'être enthousiaste, à l'idée d'être mauvais.

DANIEL COYLE

Je suis reconnaissant pour...

1. ____________________
2. ____________________
3. ____________________

Que vais-je faire pour qu'aujourd'hui soit fantastique ?

1. ____________________
2. ____________________
3. ____________________

L'affirmation du jour

____

____

3 choses fantastiques qui me sont arrivées aujourd'hui...

1. ____________________
2. ____________________
3. ____________________

Comment aurais-je pu rendre cette journée encore meilleure ?

____

____

DATE ____/ ____/ 20____

Personne n'est supérieur, personne n'est inférieur mais nous ne sommes pas égaux non plus. Nous sommes tout simplement unique, incomparables. Vous êtes vous, je suis moi.

OSHO

Je suis reconnaissant pour...

1. ____
2. ____
3. ____

Que vais-je faire pour qu'aujourd'hui soit fantastique ?

1. ____
2. ____
3. ____

L'affirmation du jour

____

____

3 choses fantastiques qui me sont arrivées aujourd'hui...

1. ____
2. ____
3. ____

Comment aurais-je pu rendre cette journée encore meilleure ?

____

____

DATE ____/____/ 20____

DÉFI DE LA SEMAINE

Appeler un ami et faire une activité ensemble aujourd'hui : se promener, préparer le dîner ensemble, aller au sport, etc.

Je suis reconnaissant pour...

1. ____________________
2. ____________________
3. ____________________

Que vais-je faire pour qu'aujourd'hui soit fantastique ?

1. ____________________
2. ____________________
3. ____________________

L'affirmation du jour

____

____

3 choses fantastiques qui me sont arrivées aujourd'hui...

1. ____________________
2. ____________________
3. ____________________

Comment aurais-je pu rendre cette journée encore meilleure ?

____

____

DATE ____ / ____ / 20 ____

Tous nos rêves peuvent devenir réalité si nous avons le courage de les poursuivre.

WALT DISNEY

Je suis reconnaissant pour...

1. ______
2. ______
3. ______

Que vais-je faire pour qu'aujourd'hui soit fantastique ?

1. ______
2. ______
3. ______

L'affirmation du jour

______

______

3 choses fantastiques qui me sont arrivées aujourd'hui...

1. ______
2. ______
3. ______

Comment aurais-je pu rendre cette journée encore meilleure ?

______

______

DATE ____ / ____ / 20 ____

Pour éviter d'être critiqué, ne dites rien,
ne faites rien et ne soyez rien.

FRED SHERO

Je suis reconnaissant pour...

1. ______________________
2. ______________________
3. ______________________

Que vais-je faire pour qu'aujourd'hui soit fantastique ?

1. ______________________
2. ______________________
3. ______________________

L'affirmation du jour

____

____

3 choses fantastiques qui me sont arrivées aujourd'hui...

1. ______________________
2. ______________________
3. ______________________

Comment aurais-je pu rendre cette journée encore meilleure ?

____

____

DATE ____/____/20______

L'obstacle présent sur le chemin devient le chemin.
N'oubliez jamais que chaque obstacle
est une occasion d'améliorer notre condition.

Ryan Holiday

Je suis reconnaissant pour...

1. ______________________________
2. ______________________________
3. ______________________________

Que vais-je faire pour qu'aujourd'hui soit fantastique ?

1. ______________________________
2. ______________________________
3. ______________________________

L'affirmation du jour

____

____

3 choses fantastiques qui me sont arrivées aujourd'hui...

1. ______________________________
2. ______________________________
3. ______________________________

Comment aurais-je pu rendre cette journée encore meilleure ?

____

____

DATE ____ / ____ / 20____

Arrêtons de nous demander ce que les autres peuvent faire pour nous et commençons à nous demander ce que nous pouvons faire pour les autres.

AUSTIN KLEON

Je suis reconnaissant pour...

1. ______________________________
2. ______________________________
3. ______________________________

Que vais-je faire pour qu'aujourd'hui soit fantastique ?

1. ______________________________
2. ______________________________
3. ______________________________

L'affirmation du jour

____

____

3 choses fantastiques qui me sont arrivées aujourd'hui...

1. ______________________________
2. ______________________________
3. ______________________________

Comment aurais-je pu rendre cette journée encore meilleure ?

____

____

DATE ____ / ____ / 20______

DÉFI DE LA SEMAINE

Essayer de ne pas me plaindre pendant un jour. Une semaine, si je pense être de ceux qui ne se plaignent jamais.

Je suis reconnaissant pour...

1. ______________________________
2. ______________________________
3. ______________________________

Que vais-je faire pour qu'aujourd'hui soit fantastique ?

1. ______________________________
2. ______________________________
3. ______________________________

L'affirmation du jour

____

____

3 choses fantastiques qui me sont arrivées aujourd'hui...

1. ______________________________
2. ______________________________
3. ______________________________

Comment aurais-je pu rendre cette journée encore meilleure ?

____

____

DATE ____ / ____ / 20____

La vie n'est pas un problème à résoudre,
mais une réalité à vivre.

SOREN KIERKEGAARD

Je suis reconnaissant pour...

1. ______________________________
2. ______________________________
3. ______________________________

Que vais-je faire pour qu'aujourd'hui soit fantastique ?

1. ______________________________
2. ______________________________
3. ______________________________

L'affirmation du jour

____

____

3 choses fantastiques qui me sont arrivées aujourd'hui...

1. ______________________________
2. ______________________________
3. ______________________________

Comment aurais-je pu rendre cette journée encore meilleure ?

____

____

DATE ____ / ____ / 20____

Reconnaître toutes les bonnes choses que vous avez déjà acquises dans la vie est la fondation de l'abondance.

ECKHART TOLLE

Je suis reconnaissant pour...

1. __________
2. __________
3. __________

Que vais-je faire pour qu'aujourd'hui soit fantastique ?

1. __________
2. __________
3. __________

L'affirmation du jour

____

____

3 choses fantastiques qui me sont arrivées aujourd'hui...

1. __________
2. __________
3. __________

Comment aurais-je pu rendre cette journée encore meilleure ?

____

____

DATE ____ / ____ / 20____

Hâte-toi de bien vivre et songe que chaque jour
est à lui seul une vie.

SÉNÈQUE

Je suis reconnaissant pour...

1. ______________________________
2. ______________________________
3. ______________________________

Que vais-je faire pour qu'aujourd'hui soit fantastique ?

1. ______________________________
2. ______________________________
3. ______________________________

L'affirmation du jour

____

____

3 choses fantastiques qui me sont arrivées aujourd'hui...

1. ______________________________
2. ______________________________
3. ______________________________

Comment aurais-je pu rendre cette journée encore meilleure ?

____

____

DATE ____ / ____ / 20____

Vous pouvez ne pas être d'accord avec l'opinion d'autrui.
Vous pouvez ne pas être d'accord avec ses doctrines.
Mais vous ne pouvez pas ignorer son vécu.

KRISTA TIPPETT

Je suis reconnaissant pour...

1. ____________________
2. ____________________
3. ____________________

Que vais-je faire pour qu'aujourd'hui soit fantastique ?

1. ____________________
2. ____________________
3. ____________________

L'affirmation du jour

____

____

3 choses fantastiques qui me sont arrivées aujourd'hui...

1. ____________________
2. ____________________
3. ____________________

Comment aurais-je pu rendre cette journée encore meilleure ?

____

____

DATE ____ / ____ / 20______

L'objectif ultime de l'éducation est de transformer les miroirs en fenêtres.

SYDNEY HARRIS

Je suis reconnaissant pour...

1. ______
2. ______
3. ______

Que vais-je faire pour qu'aujourd'hui soit fantastique ?

1. ______
2. ______
3. ______

L'affirmation du jour

______

______

3 choses fantastiques qui me sont arrivées aujourd'hui...

1. ______
2. ______
3. ______

Comment aurais-je pu rendre cette journée encore meilleure ?

______

______

DATE ____ / ____ / 20______

Le courage est une histoire d'amour avec l'inconnu.

OSHO

Je suis reconnaissant pour...

1. ______
2. ______
3. ______

Que vais-je faire pour qu'aujourd'hui soit fantastique ?

1. ______
2. ______
3. ______

L'affirmation du jour

______

______

3 choses fantastiques qui me sont arrivées aujourd'hui...

1. ______
2. ______
3. ______

Comment aurais-je pu rendre cette journée encore meilleure ?

______

______

DATE ____ / ____ / 20____

DÉFI DE LA SEMAINE

Me débarrasser aujourd'hui de l'une de mes possessions qui ne m'apporte plus autant de joie qu'auparavant.

Je suis reconnaissant pour...

1. ______
2. ______
3. ______

Que vais-je faire pour qu'aujourd'hui soit fantastique ?

1. ______
2. ______
3. ______

L'affirmation du jour. Je suis...

______

______

3 choses fantastiques qui me sont arrivées aujourd'hui...

1. ______
2. ______
3. ______

Comment ferais-je pour rendre cette journée meilleure ?

______

______

DATE ____ / ____ / 20____

Le plus grand danger pour la plupart d'entre nous n'est pas que notre but soit trop élevé et que nous le manquions, mais qu'il soit trop bas et que nous l'atteignions.

MICHEL-ANGE

Je suis reconnaissant pour...

1. ______________________________
2. ______________________________
3. ______________________________

Que vais-je faire pour qu'aujourd'hui soit fantastique ?

1. ______________________________
2. ______________________________
3. ______________________________

L'affirmation du jour

____

____

3 choses fantastiques qui me sont arrivées aujourd'hui...

1. ______________________________
2. ______________________________
3. ______________________________

Comment aurais-je pu rendre cette journée encore meilleure ?

____

____

DATE ____ / ____ / 20____

Il n'est pas juste d'attendre des autres ce que nous ne sommes pas nous-mêmes disposés à faire.

ELEANOR ROOSEVELT

Je suis reconnaissant pour...

1. ____
2. ____
3. ____

Que vais-je faire pour qu'aujourd'hui soit fantastique ?

1. ____
2. ____
3. ____

L'affirmation du jour

____

____

3 choses fantastiques qui me sont arrivées aujourd'hui...

1. ____
2. ____
3. ____

Comment aurais-je pu rendre cette journée encore meilleure ?

____

____

DATE ____ / ____ / 20______

L'objectif n'est pas de rendre la gentillesse
mais de la transmettre.

JULIA ALVAREZ

Je suis reconnaissant pour...

1. ____________________
2. ____________________
3. ____________________

Que vais-je faire pour qu'aujourd'hui soit fantastique ?

1. ____________________
2. ____________________
3. ____________________

L'affirmation du jour

____

____

3 choses fantastiques qui me sont arrivées aujourd'hui...

1. ____________________
2. ____________________
3. ____________________

Comment aurais-je pu rendre cette journée encore meilleure ?

____

____

DATE ____ / ____ / 20____

Si vous voulez transformer votre vie, soyez reconnaissants.
Cela changera votre vie de manière considérable.

Gerald Good

Je suis reconnaissant pour...

1. ______________________________
2. ______________________________
3. ______________________________

Que vais-je faire pour qu'aujourd'hui soit fantastique ?

1. ______________________________
2. ______________________________
3. ______________________________

L'affirmation du jour

____

____

3 choses fantastiques qui me sont arrivées aujourd'hui...

1. ______________________________
2. ______________________________
3. ______________________________

Comment aurais-je pu rendre cette journée encore meilleure ?

____

____

DATE ____ / ____ / 20______

L'essentiel pour le bonheur de la vie,
c'est ce que l'on a en soi-même.

ARTHUR SCHOPENHAUER

Je suis reconnaissant pour...

1. ______
2. ______
3. ______

Que vais-je faire pour qu'aujourd'hui soit fantastique ?

1. ______
2. ______
3. ______

L'affirmation du jour

______

______

3 choses fantastiques qui me sont arrivées aujourd'hui...

1. ______
2. ______
3. ______

Comment aurais-je pu rendre cette journée encore meilleure ?

______

______

DATE ____ / ____ / 20 ______

La peur ne nous éteint pas, elle nous éveille.
VERONICA ROTH

Je suis reconnaissant pour...

1. ____________________
2. ____________________
3. ____________________

Que vais-je faire pour qu'aujourd'hui soit fantastique ?

1. ____________________
2. ____________________
3. ____________________

L'affirmation du jour

____

____

3 choses fantastiques qui me sont arrivées aujourd'hui...

1. ____________________
2. ____________________
3. ____________________

Comment aurais-je pu rendre cette journée encore meilleure ?

____

____

DATE ____ / ____ / 20____

DÉFI DE LA SEMAINE

Méditer pendant 5 minutes ou plus, immédiatement après avoir écrit ici. Me concentrer uniquement sur ma respiration.

Je suis reconnaissant pour...

1. ____________________
2. ____________________
3. ____________________

Que vais-je faire pour qu'aujourd'hui soit fantastique ?

1. ____________________
2. ____________________
3. ____________________

L'affirmation du jour

____

____

3 choses fantastiques qui me sont arrivées aujourd'hui...

1. ____________________
2. ____________________
3. ____________________

Comment aurais-je pu rendre cette journée encore meilleure ?

____

____

DATE ____ / ____ / 20 ______

Les petits esprits sont apprivoisés et submergés par le malheur tandis que les grands esprits s'élèvent au-dessus d'eux.

WASHINGTON IRVING

Je suis reconnaissant pour...

1. ______
2. ______
3. ______

Que vais-je faire pour qu'aujourd'hui soit fantastique ?

1. ______
2. ______
3. ______

L'affirmation du jour

______

______

3 choses fantastiques qui me sont arrivées aujourd'hui...

1. ______
2. ______
3. ______

Comment aurais-je pu rendre cette journée encore meilleure ?

______

______

DATE ____ / ____ / 20______

Qu'ils soient lourds, pesants ou compliqués, accueillez les problèmes à bras ouverts car ils représentent vos opportunités de changement les plus importantes.

RALPH MARSTON

Je suis reconnaissant pour...

1. ______
2. ______
3. ______

Que vais-je faire pour qu'aujourd'hui soit fantastique ?

1. ______
2. ______
3. ______

L'affirmation du jour

______

______

3 choses fantastiques qui me sont arrivées aujourd'hui...

1. ______
2. ______
3. ______

Comment aurais-je pu rendre cette journée encore meilleure ?

______

______

DATE ____/____/ 20____

Le secret du bonheur et le comble de l'art, c'est de vivre comme tout le monde, en n'étant comme personne.

SIMONE DE BEAUVOIR

Je suis reconnaissant pour...

1. ______________________________
2. ______________________________
3. ______________________________

Que vais-je faire pour qu'aujourd'hui soit fantastique ?

1. ______________________________
2. ______________________________
3. ______________________________

L'affirmation du jour

____

____

3 choses fantastiques qui me sont arrivées aujourd'hui...

1. ______________________________
2. ______________________________
3. ______________________________

Comment aurais-je pu rendre cette journée encore meilleure ?

____

____

DATE ____ / ____ / 20

La vraie beauté ne se définit pas par la symétrie, le poids ou le maquillage ; c'est regarder la vie en face et pouvoir apprécier sa magnificence se refléter dans la vôtre.

VALERIE MONROE

Je suis reconnaissant pour...

1. ____
2. ____
3. ____

Que vais-je faire pour qu'aujourd'hui soit fantastique ?

1. ____
2. ____
3. ____

L'affirmation du jour

____

____

3 choses fantastiques qui me sont arrivées aujourd'hui...

1. ____
2. ____
3. ____

Comment aurais-je pu rendre cette journée encore meilleure ?

____

____

DATE ____ / ____ / 20____

Vous ne vivez qu'une fois mais si vous le faites bien,
une seule fois suffit.

MAE WEST

Je suis reconnaissant pour...

1. ______________________________
2. ______________________________
3. ______________________________

Que vais-je faire pour qu'aujourd'hui soit fantastique ?

1. ______________________________
2. ______________________________
3. ______________________________

L'affirmation du jour

____

____

3 choses fantastiques qui me sont arrivées aujourd'hui...

1. ______________________________
2. ______________________________
3. ______________________________

Comment aurais-je pu rendre cette journée encore meilleure ?

____

____

DATE ____ / ____ / 20____

DÉFI DE LA SEMAINE

Écrire une liste avec pour titre « Ma promesse » et lister mes engagements. Comment est-ce que je compte les honorer ?

Je suis reconnaissant pour...

1. ______
2. ______
3. ______

Que vais-je faire pour qu'aujourd'hui soit fantastique ?

1. ______
2. ______
3. ______

L'affirmation du jour

______

______

3 choses fantastiques qui me sont arrivées aujourd'hui...

1. ______
2. ______
3. ______

Comment aurais-je pu rendre cette journée encore meilleure ?

______

______

DATE ____ / ____ / 20____

Si vous voulez connaître la valeur d'un homme, observez la façon dont il traite ceux qui sont inférieurs à lui.

J. K. ROWLING

Je suis reconnaissant pour...

1. ______________________________
2. ______________________________
3. ______________________________

Que vais-je faire pour qu'aujourd'hui soit fantastique ?

1. ______________________________
2. ______________________________
3. ______________________________

L'affirmation du jour

____

____

3 choses fantastiques qui me sont arrivées aujourd'hui...

1. ______________________________
2. ______________________________
3. ______________________________

Comment aurais-je pu rendre cette journée encore meilleure ?

____

____

DATE ____ / ____ / 20____

Un ami est quelqu'un qui connaît tout à votre sujet et qui vous aime quand même.

Elbert Hubbard

Je suis reconnaissant pour...

1. ______
2. ______
3. ______

Que vais-je faire pour qu'aujourd'hui soit fantastique ?

1. ______
2. ______
3. ______

L'affirmation du jour

______

______

3 choses fantastiques qui me sont arrivées aujourd'hui...

1. ______
2. ______
3. ______

Comment aurais-je pu rendre cette journée encore meilleure ?

______

______

DATE ____ / ____ / 20____

Si jamais il vous arrive de prendre les choses trop sérieusement, rappelez-vous que nous ne sommes que des singes qui parlent sur un vaisseau spatial organique flottant dans l'univers.

JOE ROGAN

Je suis reconnaissant pour...

1. ____________________
2. ____________________
3. ____________________

Que vais-je faire pour qu'aujourd'hui soit fantastique ?

1. ____________________
2. ____________________
3. ____________________

L'affirmation du jour

____

____

3 choses fantastiques qui me sont arrivées aujourd'hui...

1. ____________________
2. ____________________
3. ____________________

Comment aurais-je pu rendre cette journée encore meilleure ?

____

____

DATE ____ / ____ / 20____

Il me semble que moins je lutte contre ma peur, moins elle se débat. Si je me détends, ma peur se détend elle aussi.

ELIZABETH GILBERT

Je suis reconnaissant pour...

1. ________
2. ________
3. ________

Que vais-je faire pour qu'aujourd'hui soit fantastique ?

1. ________
2. ________
3. ________

L'affirmation du jour

____

____

3 choses fantastiques qui me sont arrivées aujourd'hui...

1. ________
2. ________
3. ________

Comment aurais-je pu rendre cette journée encore meilleure ?

____

____

DATE ____ / ____ / 20______

Afin d'être responsable, tenez vos promesses envers les autres. Pour réussir tenez les promesses que vous vous êtes faites à vous-mêmes.

Marie Forleo

Je suis reconnaissant pour...

1. ______________________________
2. ______________________________
3. ______________________________

Que vais-je faire pour qu'aujourd'hui soit fantastique ?

1. ______________________________
2. ______________________________
3. ______________________________

L'affirmation du jour

____

____

3 choses fantastiques qui me sont arrivées aujourd'hui...

1. ______________________________
2. ______________________________
3. ______________________________

Comment aurais-je pu rendre cette journée encore meilleure ?

____

____

DATE ____ / ____ / 20____

DÉFI DE LA SEMAINE

Complimenter de manière vraie et sincère un inconnu aujourd'hui.

Je suis reconnaissant pour...

1. ______________________
2. ______________________
3. ______________________

Que vais-je faire pour qu'aujourd'hui soit fantastique ?

1. ______________________
2. ______________________
3. ______________________

L'affirmation du jour

____

____

3 choses fantastiques qui me sont arrivées aujourd'hui...

1. ______________________
2. ______________________
3. ______________________

Comment aurais-je pu rendre cette journée encore meilleure ?

____

____

DATE ____ / ____ / 20 ______

Si nous croyons que le succès est déterminé par un niveau de capacité inné opposé à la résilience et au dur labeur, nous serons fragiles face à l'adversité.

JOSHUA WAITZKIN

Je suis reconnaissant pour...

1. ______
2. ______
3. ______

Que vais-je faire pour qu'aujourd'hui soit fantastique ?

1. ______
2. ______
3. ______

L'affirmation du jour

______

______

3 choses fantastiques qui me sont arrivées aujourd'hui...

1. ______
2. ______
3. ______

Comment aurais-je pu rendre cette journée encore meilleure ?

______

______

DATE ____ / ____ / 20____

Vous n'êtes riche que si vous possédez quelque chose que l'argent ne peut pas acheter.

GARTH BROOKS

Je suis reconnaissant pour...

1. ______________________________
2. ______________________________
3. ______________________________

Que vais-je faire pour qu'aujourd'hui soit fantastique ?

1. ______________________________
2. ______________________________
3. ______________________________

L'affirmation du jour

____

____

3 choses fantastiques qui me sont arrivées aujourd'hui...

1. ______________________________
2. ______________________________
3. ______________________________

Comment aurais-je pu rendre cette journée encore meilleure ?

____

____

DATE ____ / ____ / 20____

Promettez-moi que vous vous souviendrez toujours de ceci : vous êtes plus fort que vous ne le croyez, plus fort que vous en avez l'air, et plus intelligent que vous ne le pensez.

CHRISTOPHER ROBIN

Je suis reconnaissant pour...

1. ______________________
2. ______________________
3. ______________________

Que vais-je faire pour qu'aujourd'hui soit fantastique ?

1. ______________________
2. ______________________
3. ______________________

L'affirmation du jour

____

____

3 choses fantastiques qui me sont arrivées aujourd'hui...

1. ______________________
2. ______________________
3. ______________________

Comment aurais-je pu rendre cette journée encore meilleure ?

____

____

DATE ____ / ____ / 20____

Le bonheur apparaît lorsque vos pensées, vos paroles et vos actions sont en harmonie.

MAHATMA GANDHI

Je suis reconnaissant pour...

1. ______
2. ______
3. ______

Que vais-je faire pour qu'aujourd'hui soit fantastique ?

1. ______
2. ______
3. ______

L'affirmation du jour

______

______

3 choses fantastiques qui me sont arrivées aujourd'hui...

1. ______
2. ______
3. ______

Comment aurais-je pu rendre cette journée encore meilleure ?

______

______

DATE ____ / ____ / 20____

DÉFI DE LA SEMAINE

Lister 5 choses que je perçois comme des faiblesses. Maintenant lister les façons dont ces 5 faiblesses peuvent se transformer en forces.

Je suis reconnaissant pour...

1. ____
2. ____
3. ____

Que vais-je faire pour qu'aujourd'hui soit fantastique ?

1. ____
2. ____
3. ____

L'affirmation du jour

____

____

3 choses fantastiques qui me sont arrivées aujourd'hui...

1. ____
2. ____
3. ____

Comment aurais-je pu rendre cette journée encore meilleure ?

____

____

DATE ____ / ____ / 20____

Comptez votre âge en amis et non en années.
Comptez votre vie en sourires et non en larmes.

JOHN LENNON

Je suis reconnaissant pour...

1. ____________________
2. ____________________
3. ____________________

Que vais-je faire pour qu'aujourd'hui soit fantastique ?

1. ____________________
2. ____________________
3. ____________________

L'affirmation du jour

____

____

3 choses fantastiques qui me sont arrivées aujourd'hui...

1. ____________________
2. ____________________
3. ____________________

Comment aurais-je pu rendre cette journée encore meilleure ?

____

____

DATE ____ / ____ / 20____

Se sentir reconnaissant et ne pas le montrer
c'est comme emballer un cadeau et ne pas l'offrir.

WILLIAM ARTHUR WARD

Je suis reconnaissant pour...

1. ____________________
2. ____________________
3. ____________________

Que vais-je faire pour qu'aujourd'hui soit fantastique ?

1. ____________________
2. ____________________
3. ____________________

L'affirmation du jour

____

____

3 choses fantastiques qui me sont arrivées aujourd'hui...

1. ____________________
2. ____________________
3. ____________________

Comment aurais-je pu rendre cette journée encore meilleure ?

____

____

DATE ____ / ____ / 20____

L'art devrait pouvoir réconforter les personnes dérangées
et perturber celles qui sont à l'aise.

BANKSY

Je suis reconnaissant pour...

1. ______
2. ______
3. ______

Que vais-je faire pour qu'aujourd'hui soit fantastique ?

1. ______
2. ______
3. ______

L'affirmation du jour

______

______

3 choses fantastiques qui me sont arrivées aujourd'hui...

1. ______
2. ______
3. ______

Comment aurais-je pu rendre cette journée encore meilleure ?

______

______

DATE ____ / ____ / 20____

Les choses se passent au mieux pour les personnes qui savent tirer le meilleur des situations de la vie.

JOHN WOODEN

Je suis reconnaissant pour...

1. ______________________________
2. ______________________________
3. ______________________________

Que vais-je faire pour qu'aujourd'hui soit fantastique ?

1. ______________________________
2. ______________________________
3. ______________________________

L'affirmation du jour

____

____

3 choses fantastiques qui me sont arrivées aujourd'hui...

1. ______________________________
2. ______________________________
3. ______________________________

Comment aurais-je pu rendre cette journée encore meilleure ?

____

____

DATE ____ / ____ / 20 ______

Dans la vie, nous avons le choix : attendre un jour spécial ou célébrer chaque jour comme un jour spécial.

RASHEED OGUNLARU

Je suis reconnaissant pour...

1. ______
2. ______
3. ______

Que vais-je faire pour qu'aujourd'hui soit fantastique ?

1. ______
2. ______
3. ______

L'affirmation du jour

______

______

3 choses fantastiques qui me sont arrivées aujourd'hui...

1. ______
2. ______
3. ______

Comment aurais-je pu rendre cette journée encore meilleure ?

______

______

DATE ____ / ____ / 20____

DÉFI DE LA SEMAINE

Créer un tableau de mes aspirations personnelles ce week-end. Pour un peu d'inspiration, regarder « How To Make Your Dreams/Goals A Reality » (en anglais) de Mimi Ikonn sur YouTube.

Je suis reconnaissant pour…

1. ______________________
2. ______________________
3. ______________________

Que vais-je faire pour qu'aujourd'hui soit fantastique ?

1. ______________________
2. ______________________
3. ______________________

L'affirmation du jour

____

____

3 choses fantastiques qui me sont arrivées aujourd'hui…

1. ______________________
2. ______________________
3. ______________________

Comment aurais-je pu rendre cette journée encore meilleure ?

____

____

Si vous trouvez au plus profond de votre cœur le désir de prendre soin de quelqu'un d'autre, vous aurez réussi.

MAYA ANGELOU

Je suis reconnaissant pour...

1. ______
2. ______
3. ______

Que vais-je faire pour qu'aujourd'hui soit fantastique ?

1. ______
2. ______
3. ______

L'affirmation du jour

______

______

3 choses fantastiques qui me sont arrivées aujourd'hui...

1. ______
2. ______
3. ______

Comment aurais-je pu rendre cette journée encore meilleure ?

______

______

DATE ____ / ____ / 20____

Prendre soin des autres, prendre le risque de ressentir et laisser un impact sur les gens vous apporte du bonheur.

HAROLD KUSHNER

Je suis reconnaissant pour...

1. ______________________________
2. ______________________________
3. ______________________________

Que vais-je faire pour qu'aujourd'hui soit fantastique ?

1. ______________________________
2. ______________________________
3. ______________________________

L'affirmation du jour

____

____

3 choses fantastiques qui me sont arrivées aujourd'hui...

1. ______________________________
2. ______________________________
3. ______________________________

Comment aurais-je pu rendre cette journée encore meilleure ?

____

____

DATE ____ / ____ / 20____

Les moments de bonheur dont nous jouissons nous prennent par surprise. Ce n'est pas nous qui les saisissons mais plutôt l'inverse.

ASHLEY MONTAGU

Je suis reconnaissant pour...

1. ______
2. ______
3. ______

Que vais-je faire pour qu'aujourd'hui soit fantastique ?

1. ______
2. ______
3. ______

L'affirmation du jour

______

______

3 choses fantastiques qui me sont arrivées aujourd'hui...

1. ______
2. ______
3. ______

Comment aurais-je pu rendre cette journée encore meilleure ?

______

______

DATE ____ / ____ / 20____

Parfois votre joie est la source de votre sourire,
mais parfois votre sourire peut devenir
la source de votre joie.

THICH NHAT HANH

Je suis reconnaissant pour...

1. ______________________________
2. ______________________________
3. ______________________________

Que vais-je faire pour qu'aujourd'hui soit fantastique ?

1. ______________________________
2. ______________________________
3. ______________________________

L'affirmation du jour

____

____

3 choses fantastiques qui me sont arrivées aujourd'hui...

1. ______________________________
2. ______________________________
3. ______________________________

Comment aurais-je pu rendre cette journée encore meilleure ?

____

____

DATE ____ / ____ / 20 ______

Il n'est jamais trop tôt pour faire preuve de gentillesse car nul ne sait quand il sera trop tard.

RALPH WALDO EMERSON

Je suis reconnaissant pour...

1. ______
2. ______
3. ______

Que vais-je faire pour qu'aujourd'hui soit fantastique ?

1. ______
2. ______
3. ______

L'affirmation du jour

______

______

3 choses fantastiques qui me sont arrivées aujourd'hui...

1. ______
2. ______
3. ______

Comment aurais-je pu rendre cette journée encore meilleure ?

______

______

DATE ____ / ____ / 20____

La sagesse est la récompense obtenue pour une vie passée à être à l'écoute de l'autre à des moments où vous auriez préféré parler.

DOUG LARSON

Je suis reconnaissant pour...

1. ______
2. ______
3. ______

Que vais-je faire pour qu'aujourd'hui soit fantastique ?

1. ______
2. ______
3. ______

L'affirmation du jour

______

______

3 choses fantastiques qui me sont arrivées aujourd'hui...

1. ______
2. ______
3. ______

Comment aurais-je pu rendre cette journée encore meilleure ?

______

______

DATE ____ / ____ / 20____

DÉFI DE LA SEMAINE

Faire une marche de 30 minutes tout(e) seul(e).

Je suis reconnaissant pour...

1. ______
2. ______
3. ______

Que vais-je faire pour qu'aujourd'hui soit fantastique ?

1. ______
2. ______
3. ______

L'affirmation du jour

______

______

3 choses fantastiques qui me sont arrivées aujourd'hui...

1. ______
2. ______
3. ______

Comment aurais-je pu rendre cette journée encore meilleure ?

______

______

DATE ____ / ____ / 20____

Les seules personnes envers lesquelles vous devriez vous sentir redevable sont celles qui vous ont toujours aidé.

JOHN E. SOUTHARD

Je suis reconnaissant pour...

1. ______________________________
2. ______________________________
3. ______________________________

Que vais-je faire pour qu'aujourd'hui soit fantastique ?

1. ______________________________
2. ______________________________
3. ______________________________

L'affirmation du jour

____

____

3 choses fantastiques qui me sont arrivées aujourd'hui...

1. ______________________________
2. ______________________________
3. ______________________________

Comment aurais-je pu rendre cette journée encore meilleure ?

____

____

DATE ____ / ____ / 20____

Dans la vie, vous n'attirez pas vers vous ce que vous voulez,
vous attirez ce que vous êtes.

DR. WAYNE DYER

Je suis reconnaissant pour...

1. ______
2. ______
3. ______

Que vais-je faire pour qu'aujourd'hui soit fantastique ?

1. ______
2. ______
3. ______

L'affirmation du jour

______

______

3 choses fantastiques qui me sont arrivées aujourd'hui...

1. ______
2. ______
3. ______

Comment aurais-je pu rendre cette journée encore meilleure ?

______

______

DATE ____ / ____ / 20____

La valeur d'une personne tient dans sa capacité à donner et non dans sa capacité à recevoir.

ALBERT EINSTEIN

Je suis reconnaissant pour...

1. ______
2. ______
3. ______

Que vais-je faire pour qu'aujourd'hui soit fantastique ?

1. ______
2. ______
3. ______

L'affirmation du jour

______

______

3 choses fantastiques qui me sont arrivées aujourd'hui...

1. ______
2. ______
3. ______

Comment aurais-je pu rendre cette journée encore meilleure ?

______

______

DATE ____ / ____ / 20____

L'amour est un acte de volonté – une intention doublée d'une action. La volonté implique aussi le choix. Nous ne sommes pas forcés d'aimer. Nous choisissons d'aimer.

M. Scott Peck

Je suis reconnaissant pour...

1. ______________________
2. ______________________
3. ______________________

Que vais-je faire pour qu'aujourd'hui soit fantastique ?

1. ______________________
2. ______________________
3. ______________________

L'affirmation du jour

____

____

3 choses fantastiques qui me sont arrivées aujourd'hui...

1. ______________________
2. ______________________
3. ______________________

Comment aurais-je pu rendre cette journée encore meilleure ?

____

____

DATE ____ / ____ / 20____

Soyez reconnaissant pour ce que vous avez et la vie vous donnera plus encore. Si vous vous concentrez sur ce qu'il vous manque, vous resterez éternellement insatisfait.

OPRAH WINFREY

Je suis reconnaissant pour...

1. ____________________
2. ____________________
3. ____________________

Que vais-je faire pour qu'aujourd'hui soit fantastique ?

1. ____________________
2. ____________________
3. ____________________

L'affirmation du jour

____

____

3 choses fantastiques qui me sont arrivées aujourd'hui...

1. ____________________
2. ____________________
3. ____________________

Comment aurais-je pu rendre cette journée encore meilleure ?

____

____

DATE ____ / ____ / 20____

On ne prend plaisir à posséder un bien que si on le partage.

Sénèque

Je suis reconnaissant pour...

1. ____
2. ____
3. ____

Que vais-je faire pour qu'aujourd'hui soit fantastique ?

1. ____
2. ____
3. ____

L'affirmation du jour

____

____

3 choses fantastiques qui me sont arrivées aujourd'hui...

1. ____
2. ____
3. ____

Comment aurais-je pu rendre cette journée encore meilleure ?

____

____

DATE ____ / ____ / 20____

DÉFI DE LA SEMAINE

Commencer à lire La Magie du rangement *de Marie Kondo.*

Je suis reconnaissant pour...

1. ____________________
2. ____________________
3. ____________________

Que vais-je faire pour qu'aujourd'hui soit fantastique ?

1. ____________________
2. ____________________
3. ____________________

L'affirmation du jour

____

____

3 choses fantastiques qui me sont arrivées aujourd'hui...

1. ____________________
2. ____________________
3. ____________________

Comment aurais-je pu rendre cette journée encore meilleure ?

____

____

DATE ____/ ____/ 20____

Qu'il est merveilleux que personne n'ait à attendre un seul instant avant de commencer à améliorer le monde.

ANNE FRANK

Je suis reconnaissant pour...

1. ______
2. ______
3. ______

Que vais-je faire pour qu'aujourd'hui soit fantastique ?

1. ______
2. ______
3. ______

L'affirmation du jour

______

______

3 choses fantastiques qui me sont arrivées aujourd'hui...

1. ______
2. ______
3. ______

Comment aurais-je pu rendre cette journée encore meilleure ?

______

______

DATE ____ / ____ / 20____

Le monde est mon pays, l'humanité ma fratrie
et faire le bien est ma religion.

THOMAS PAINE

Je suis reconnaissant pour...

1. ______________________________
2. ______________________________
3. ______________________________

Que vais-je faire pour qu'aujourd'hui soit fantastique ?

1. ______________________________
2. ______________________________
3. ______________________________

L'affirmation du jour

____

____

3 choses fantastiques qui me sont arrivées aujourd'hui...

1. ______________________________
2. ______________________________
3. ______________________________

Comment aurais-je pu rendre cette journée encore meilleure ?

____

____

DATE ____/____/20______

Le jeune homme connaît les règles, mais
le vieil homme connaît les exceptions.

OLIVER WENDELL HOLMES

Je suis reconnaissant pour...

1. ______
2. ______
3. ______

Que vais-je faire pour qu'aujourd'hui soit fantastique ?

1. ______
2. ______
3. ______

L'affirmation du jour

______

______

3 choses fantastiques qui me sont arrivées aujourd'hui...

1. ______
2. ______
3. ______

Comment aurais-je pu rendre cette journée encore meilleure ?

______

______

DATE ____ / ____ / 20______

Attendre la perfection n'est pas aussi intelligent qu'opter pour le progrès.

SETH GODIN

Je suis reconnaissant pour...

1. ______________________________
2. ______________________________
3. ______________________________

Que vais-je faire pour qu'aujourd'hui soit fantastique ?

1. ______________________________
2. ______________________________
3. ______________________________

L'affirmation du jour

____

____

3 choses fantastiques qui me sont arrivées aujourd'hui...

1. ______________________________
2. ______________________________
3. ______________________________

Comment aurais-je pu rendre cette journée encore meilleure ?

____

____

DATE ____ / ____ / 20____

La sagesse commence dans l'émerveillement.

SOCRATE

Je suis reconnaissant pour...

1. ______
2. ______
3. ______

Que vais-je faire pour qu'aujourd'hui soit fantastique ?

1. ______
2. ______
3. ______

L'affirmation du jour

______

______

3 choses fantastiques qui me sont arrivées aujourd'hui...

1. ______
2. ______
3. ______

Comment aurais-je pu rendre cette journée encore meilleure ?

______

______

DATE ____ / ____ / 20____

La seule chose qui peut résoudre la plupart de nos problèmes est la danse.

JAMES BROWN

Je suis reconnaissant pour...

1. ____
2. ____
3. ____

Que vais-je faire pour qu'aujourd'hui soit fantastique ?

1. ____
2. ____
3. ____

L'affirmation du jour

____

____

3 choses fantastiques qui me sont arrivées aujourd'hui...

1. ____
2. ____
3. ____

Comment aurais-je pu rendre cette journée encore meilleure ?

____

____

DATE ____ / ____ / 20____

DÉFI DE LA SEMAINE

Serrer la main d'un inconnu aujourd'hui.

Je suis reconnaissant pour...

1. ______
2. ______
3. ______

Que vais-je faire pour qu'aujourd'hui soit fantastique ?

1. ______
2. ______
3. ______

L'affirmation du jour

______

______

3 choses fantastiques qui me sont arrivées aujourd'hui...

1. ______
2. ______
3. ______

Comment aurais-je pu rendre cette journée encore meilleure ?

______

______

DATE ____ / ____ / 20____

Le bonheur de votre vie dépend de la qualité de vos pensées.

Marc Aurèle

Je suis reconnaissant pour...

1. ______________________________
2. ______________________________
3. ______________________________

Que vais-je faire pour qu'aujourd'hui soit fantastique ?

1. ______________________________
2. ______________________________
3. ______________________________

L'affirmation du jour

____

____

3 choses fantastiques qui me sont arrivées aujourd'hui...

1. ______________________________
2. ______________________________
3. ______________________________

Comment aurais-je pu rendre cette journée encore meilleure ?

____

____

DATE ____ / ____ / 20____

La meilleure façon de vous remonter le moral est d'essayer de remonter le moral de quelqu'un d'autre.

MARK TWAIN

Je suis reconnaissant pour...

1. ____
2. ____
3. ____

Que vais-je faire pour qu'aujourd'hui soit fantastique ?

1. ____
2. ____
3. ____

L'affirmation du jour

____

____

3 choses fantastiques qui me sont arrivées aujourd'hui...

1. ____
2. ____
3. ____

Comment aurais-je pu rendre cette journée encore meilleure ?

____

____

DATE ____ / ____ / 20____

Assurez-vous que votre pire ennemi ne vive pas entre vos deux oreilles.

LAIRD HAMILTON

Je suis reconnaissant pour...

1. ______________________________
2. ______________________________
3. ______________________________

Que vais-je faire pour qu'aujourd'hui soit fantastique ?

1. ______________________________
2. ______________________________
3. ______________________________

L'affirmation du jour

____

____

3 choses fantastiques qui me sont arrivées aujourd'hui...

1. ______________________________
2. ______________________________
3. ______________________________

Comment aurais-je pu rendre cette journée encore meilleure ?

____

____

DATE ____ / ____ / 20____

Le monde est rempli de bonnes personnes.
Si vous n'en trouvez pas, devenez-en une.

NISHAN PANWAR

Je suis reconnaissant pour...

1. ____________________
2. ____________________
3. ____________________

Que vais-je faire pour qu'aujourd'hui soit fantastique ?

1. ____________________
2. ____________________
3. ____________________

L'affirmation du jour

____

____

3 choses fantastiques qui me sont arrivées aujourd'hui...

1. ____________________
2. ____________________
3. ____________________

Comment aurais-je pu rendre cette journée encore meilleure ?

____

____

DÉFI DE LA SEMAINE

Une des causes auxquelles je suis dévoué est______________.
Réfléchir à la façon dont je peux m'impliquer dans cette cause.

Je suis reconnaissant pour...

1. ____________________
2. ____________________
3. ____________________

Que vais-je faire pour qu'aujourd'hui soit fantastique ?

1. ____________________
2. ____________________
3. ____________________

L'affirmation du jour

____

____

3 choses fantastiques qui me sont arrivées aujourd'hui...

1. ____________________
2. ____________________
3. ____________________

Comment aurais-je pu rendre cette journée encore meilleure ?

____

____

DATE ____ / ____ / 20 ____

Vous ne connaissez jamais la valeur d'un moment jusqu'à ce qu'il devienne un souvenir.

DR. SEUSS

Je suis reconnaissant pour...

1. ______
2. ______
3. ______

Que vais-je faire pour qu'aujourd'hui soit fantastique ?

1. ______
2. ______
3. ______

L'affirmation du jour

______

______

3 choses fantastiques qui me sont arrivées aujourd'hui...

1. ______
2. ______
3. ______

Comment aurais-je pu rendre cette journée encore meilleure ?

______

______

DATE ____ / ____ / 20____

Quand le pouvoir de l'amour surpassera la soif de pouvoir, le monde sera en paix.

JIMI HENDRIX

Je suis reconnaissant pour...

1. ____________________
2. ____________________
3. ____________________

Que vais-je faire pour qu'aujourd'hui soit fantastique ?

1. ____________________
2. ____________________
3. ____________________

L'affirmation du jour

____

____

3 choses fantastiques qui me sont arrivées aujourd'hui...

1. ____________________
2. ____________________
3. ____________________

Comment aurais-je pu rendre cette journée encore meilleure ?

____

____

DATE ____ / ____ / 20____

L'action exprime les priorités.

MAHATMA GANDHI

Je suis reconnaissant pour...

1. ______
2. ______
3. ______

Que vais-je faire pour qu'aujourd'hui soit fantastique ?

1. ______
2. ______
3. ______

L'affirmation du jour

______

______

3 choses fantastiques qui me sont arrivées aujourd'hui...

1. ______
2. ______
3. ______

Comment aurais-je pu rendre cette journée encore meilleure ?

______

______

DATE ____ / ____ / 20______

Il n'y a qu'un coin de l'univers que vous pouvez être sûr d'améliorer et c'est vous-même.

ALDOUS HUXLEY

Je suis reconnaissant pour...

1. ____________________
2. ____________________
3. ____________________

Que vais-je faire pour qu'aujourd'hui soit fantastique ?

1. ____________________
2. ____________________
3. ____________________

L'affirmation du jour

____

____

3 choses fantastiques qui me sont arrivées aujourd'hui...

1. ____________________
2. ____________________
3. ____________________

Comment aurais-je pu rendre cette journée encore meilleure ?

____

____

DATE ____ / ____ / 20______

Commencez là où vous vous trouvez.
Utilisez ce que vous avez. Faites ce que vous pouvez.

ARTHUR ASHE

Je suis reconnaissant pour...

1. ______
2. ______
3. ______

Que vais-je faire pour qu'aujourd'hui soit fantastique ?

1. ______
2. ______
3. ______

L'affirmation du jour

______

______

3 choses fantastiques qui me sont arrivées aujourd'hui...

1. ______
2. ______
3. ______

Comment aurais-je pu rendre cette journée encore meilleure ?

______

______

DATE ____ / ____ / 20____

La clé de tout est de s'entourer de personnes qui vous hisseront vers le haut et ceux dont la présence fait appel à ce qu'il y a de meilleur en vous.

EPICTÈTE

Je suis reconnaissant pour...

1. ____________________
2. ____________________
3. ____________________

Que vais-je faire pour qu'aujourd'hui soit fantastique ?

1. ____________________
2. ____________________
3. ____________________

L'affirmation du jour

____

____

3 choses fantastiques qui me sont arrivées aujourd'hui...

1. ____________________
2. ____________________
3. ____________________

Comment aurais-je pu rendre cette journée encore meilleure ?

____

____

DATE ____ / ____ / 20____

DÉFI DE LA SEMAINE

Aujourd'hui, commander une boisson que je n'ai pas l'habitude de consommer.

Je suis reconnaissant pour...

1. ____________________
2. ____________________
3. ____________________

Que vais-je faire pour qu'aujourd'hui soit fantastique ?

1. ____________________
2. ____________________
3. ____________________

L'affirmation du jour

____

____

3 choses fantastiques qui me sont arrivées aujourd'hui...

1. ____________________
2. ____________________
3. ____________________

Comment aurais-je pu rendre cette journée encore meilleure ?

____

____

DATE ____ / ____ / 20____

Respectez-vous suffisamment pour vous éloigner de tout ce qui ne vous est plus utile, ne vous fait pas grandir ou ne vous rend pas heureux.

Robert Tew

Je suis reconnaissant pour...

1. ______________________________
2. ______________________________
3. ______________________________

Que vais-je faire pour qu'aujourd'hui soit fantastique ?

1. ______________________________
2. ______________________________
3. ______________________________

L'affirmation du jour

____

____

3 choses fantastiques qui me sont arrivées aujourd'hui...

1. ______________________________
2. ______________________________
3. ______________________________

Comment aurais-je pu rendre cette journée encore meilleure ?

____

____

DATE ____ / ____ / 20____

La nature ne s'empresse jamais et malgré cela,
tout s'accomplit.

Lao Tseu

Je suis reconnaissant pour...

1. ____
2. ____
3. ____

Que vais-je faire pour qu'aujourd'hui soit fantastique ?

1. ____
2. ____
3. ____

L'affirmation du jour

____

____

3 choses fantastiques qui me sont arrivées aujourd'hui...

1. ____
2. ____
3. ____

Comment aurais-je pu rendre cette journée encore meilleure ?

____

____

DATE ____ / ____ / 20____

Les jeunes ne peuvent pas savoir comment le vieil âge influence les pensées et les émotions mais les vieillards sont coupables d'oublier ce que c'est que d'être jeunes.

ALBUS DUMBLEDORE

Je suis reconnaissant pour...

1. ______________________
2. ______________________
3. ______________________

Que vais-je faire pour qu'aujourd'hui soit fantastique ?

1. ______________________
2. ______________________
3. ______________________

L'affirmation du jour

____

____

3 choses fantastiques qui me sont arrivées aujourd'hui...

1. ______________________
2. ______________________
3. ______________________

Comment aurais-je pu rendre cette journée encore meilleure ?

____

____

DATE ____ / ____ / 20______

Ne renoncez jamais à un rêve juste à cause du temps qu'il faudra pour l'accomplir. Le temps passera de toute façon.

Earl Nightingale

Je suis reconnaissant pour...

1. ______
2. ______
3. ______

Que vais-je faire pour qu'aujourd'hui soit fantastique ?

1. ______
2. ______
3. ______

L'affirmation du jour

______

______

3 choses fantastiques qui me sont arrivées aujourd'hui...

1. ______
2. ______
3. ______

Comment aurais-je pu rendre cette journée encore meilleure ?

______

______

DATE ____ / ____ / 20______

Appréciez les petites choses de la vie car un jour vous regarderez en arrière et réaliserez leur valeur.

KURT VONNEGUT

Je suis reconnaissant pour...

1. ______
2. ______
3. ______

Que vais-je faire pour qu'aujourd'hui soit fantastique ?

1. ______
2. ______
3. ______

L'affirmation du jour

______

______

3 choses fantastiques qui me sont arrivées aujourd'hui...

1. ______
2. ______
3. ______

Comment aurais-je pu rendre cette journée encore meilleure ?

______

______

DATE ____ / ____ / 20____

Si l'œil lui-même choisit de ne pas voir, ni la lumière ni des lunettes de vue ne lui seront d'aucune aide.

PROVERBE ALLEMAND

Je suis reconnaissant pour...

1. ______________________________
2. ______________________________
3. ______________________________

Que vais-je faire pour qu'aujourd'hui soit fantastique ?

1. ______________________________
2. ______________________________
3. ______________________________

L'affirmation du jour

____

____

3 choses fantastiques qui me sont arrivées aujourd'hui...

1. ______________________________
2. ______________________________
3. ______________________________

Comment aurais-je pu rendre cette journée encore meilleure ?

____

____

DATE ____ / ____ / 20____

DÉFI DE LA SEMAINE

Écrire ma définition du succès. Ensuite, me demander pourquoi. Continuer à me demander pourquoi 5 fois et écrire mes réponses.

Je suis reconnaissant pour...

1. ______________________
2. ______________________
3. ______________________

Que vais-je faire pour qu'aujourd'hui soit fantastique ?

1. ______________________
2. ______________________
3. ______________________

L'affirmation du jour

____

____

3 choses fantastiques qui me sont arrivées aujourd'hui...

1. ______________________
2. ______________________
3. ______________________

Comment aurais-je pu rendre cette journée encore meilleure ?

____

____

DATE ____ / ____ / 20 ______

Vous avez le pouvoir de contrôler votre esprit – pas les événements extérieurs. Une fois que vous réaliserez ceci, vous trouverez la force intérieure.

MARC AURÈLE

Je suis reconnaissant pour...

1. ______
2. ______
3. ______

Que vais-je faire pour qu'aujourd'hui soit fantastique ?

1. ______
2. ______
3. ______

L'affirmation du jour

______

______

3 choses fantastiques qui me sont arrivées aujourd'hui...

1. ______
2. ______
3. ______

Comment aurais-je pu rendre cette journée encore meilleure ?

______

______

DATE ____ / ____ / 20____

Vous pouvez trouver la réponse à toutes vos questions si c'est ce que vous souhaitez. Mais une fois que vous trouvez les réponses, vous ne pouvez pas les ignorer.

NEIL GAIMAN

Je suis reconnaissant pour...

1. ____________________
2. ____________________
3. ____________________

Que vais-je faire pour qu'aujourd'hui soit fantastique ?

1. ____________________
2. ____________________
3. ____________________

L'affirmation du jour

____

____

3 choses fantastiques qui me sont arrivées aujourd'hui...

1. ____________________
2. ____________________
3. ____________________

Comment aurais-je pu rendre cette journée encore meilleure ?

____

____

DATE ____ / ____ / 20____

Si vous n'êtes pas le héros de votre propre roman, quel genre de roman est-ce ? Il vous faut envisager de sérieuses modifications.

TERENCE MCKENNA

Je suis reconnaissant pour...

1. ____________________
2. ____________________
3. ____________________

Que vais-je faire pour qu'aujourd'hui soit fantastique ?

1. ____________________
2. ____________________
3. ____________________

L'affirmation du jour

____

____

3 choses fantastiques qui me sont arrivées aujourd'hui...

1. ____________________
2. ____________________
3. ____________________

Comment aurais-je pu rendre cette journée encore meilleure ?

____

____

DATE ____ / ____ / 20____

Plus le sable a fui le sablier de notre vie, mieux nous devrions voir à travers lui.

NICOLAS MACHIAVEL

Je suis reconnaissant pour...

1. ____________________
2. ____________________
3. ____________________

Que vais-je faire pour qu'aujourd'hui soit fantastique ?

1. ____________________
2. ____________________
3. ____________________

L'affirmation du jour

____

____

3 choses fantastiques qui me sont arrivées aujourd'hui...

1. ____________________
2. ____________________
3. ____________________

Comment aurais-je pu rendre cette journée encore meilleure ?

____

____

DATE ____/____/ 20____

Rappelez-vous que le bonheur est un chemin
à parcourir et non pas une destination.

ROY M. GOODMAN

Je suis reconnaissant pour...

1. ______
2. ______
3. ______

Que vais-je faire pour qu'aujourd'hui soit fantastique ?

1. ______
2. ______
3. ______

L'affirmation du jour

______

______

3 choses fantastiques qui me sont arrivées aujourd'hui...

1. ______
2. ______
3. ______

Comment aurais-je pu rendre cette journée encore meilleure ?

______

______

DATE ____ / ____ / 20____

DÉFI DE LA SEMAINE

Choisir un jour ce week-end durant lequel je n'utiliserai pas de technologie.

Je suis reconnaissant pour...

1. ______
2. ______
3. ______

Que vais-je faire pour qu'aujourd'hui soit fantastique ?

1. ______
2. ______
3. ______

L'affirmation du jour

______

______

3 choses fantastiques qui me sont arrivées aujourd'hui...

1. ______
2. ______
3. ______

Comment aurais-je pu rendre cette journée encore meilleure ?

______

______

DATE ____ / ____ / 20 ______

Les mauvaises herbes sont des fleurs elles aussi,
une fois que vous apprenez à les connaître.

A.A. MILNE

Je suis reconnaissant pour...

1. ______
2. ______
3. ______

Que vais-je faire pour qu'aujourd'hui soit fantastique ?

1. ______
2. ______
3. ______

L'affirmation du jour

______

______

3 choses fantastiques qui me sont arrivées aujourd'hui...

1. ______
2. ______
3. ______

Comment aurais-je pu rendre cette journée encore meilleure ?

______

______

DATE ____ / ____ / 20______

Je ne vous dis pas que ça va être facile.
Mais croyez-moi, ça en vaudra la peine.

ART WILLIAMS

Je suis reconnaissant pour...

1. ______
2. ______
3. ______

Que vais-je faire pour qu'aujourd'hui soit fantastique ?

1. ______
2. ______
3. ______

L'affirmation du jour

______

______

3 choses fantastiques qui me sont arrivées aujourd'hui...

1. ______
2. ______
3. ______

Comment aurais-je pu rendre cette journée encore meilleure ?

______

______

DATE ____/____/ 20______

Les gens qui considèrent la vie comme autre chose que du pur divertissement ne comprennent rien.

GEORGE CARLIN

Je suis reconnaissant pour...

1. ______
2. ______
3. ______

Que vais-je faire pour qu'aujourd'hui soit fantastique ?

1. ______
2. ______
3. ______

L'affirmation du jour

______

______

3 choses fantastiques qui me sont arrivées aujourd'hui...

1. ______
2. ______
3. ______

Comment aurais-je pu rendre cette journée encore meilleure ?

______

______

DATE ____ / ____ / 20____

Personne n'a jamais mesuré, pas même les poètes, combien le coeur peut être résistant.

ZELDA FITZGERALD

Je suis reconnaissant pour...

1. ____
2. ____
3. ____

Que vais-je faire pour qu'aujourd'hui soit fantastique ?

1. ____
2. ____
3. ____

L'affirmation du jour

____

____

3 choses fantastiques qui me sont arrivées aujourd'hui...

1. ____
2. ____
3. ____

Comment aurais-je pu rendre cette journée encore meilleure ?

____

____

DATE ____ / ____ / 20____

Je fais toujours ce que je ne sais pas faire,
pour pouvoir apprendre à le faire.

Pablo Picasso

Je suis reconnaissant pour...

1. ____
2. ____
3. ____

Que vais-je faire pour qu'aujourd'hui soit fantastique ?

1. ____
2. ____
3. ____

L'affirmation du jour

____

____

3 choses fantastiques qui me sont arrivées aujourd'hui...

1. ____
2. ____
3. ____

Comment aurais-je pu rendre cette journée encore meilleure ?

____

____

DATE ____ / ____ / 20____

Rester soi-même dans un monde qui cherche constamment à vous changer est le plus grand des accomplissements.

Ralph Waldo Emerson

Je suis reconnaissant pour...

1. ______________________
2. ______________________
3. ______________________

Que vais-je faire pour qu'aujourd'hui soit fantastique ?

1. ______________________
2. ______________________
3. ______________________

L'affirmation du jour

____

____

3 choses fantastiques qui me sont arrivées aujourd'hui...

1. ______________________
2. ______________________
3. ______________________

Comment aurais-je pu rendre cette journée encore meilleure ?

____

____

DATE ____ / ____ / 20____

DÉFI DE LA SEMAINE

Me faire plaisir aujourd'hui avec quelque chose qui me fera du bien.

Je suis reconnaissant pour...

1. ____
2. ____
3. ____

Que vais-je faire pour qu'aujourd'hui soit fantastique ?

1. ____
2. ____
3. ____

L'affirmation du jour

____

____

3 choses fantastiques qui me sont arrivées aujourd'hui...

1. ____
2. ____
3. ____

Comment aurais-je pu rendre cette journée encore meilleure ?

____

____

DATE ____ / ____ / 20 ____

La vie est une expérience émotionnelle.
Elle n'est ni bonne ni mauvaise.

ALEX IKONN

Je suis reconnaissant pour...

1. ____________________
2. ____________________
3. ____________________

Que vais-je faire pour qu'aujourd'hui soit fantastique ?

1. ____________________
2. ____________________
3. ____________________

L'affirmation du jour

____

____

3 choses fantastiques qui me sont arrivées aujourd'hui...

1. ____________________
2. ____________________
3. ____________________

Comment aurais-je pu rendre cette journée encore meilleure ?

____

____

DATE ____ / ____ / 20______

La raison pour laquelle nous luttons contre le manque d'assurance est que nous comparons nos expériences avec les grands moments de la vie d'autrui.

STEVEN FURTICK

Je suis reconnaissant pour...

1. ______________________________
2. ______________________________
3. ______________________________

Que vais-je faire pour qu'aujourd'hui soit fantastique ?

1. ______________________________
2. ______________________________
3. ______________________________

L'affirmation du jour

____

____

3 choses fantastiques qui me sont arrivées aujourd'hui...

1. ______________________________
2. ______________________________
3. ______________________________

Comment aurais-je pu rendre cette journée encore meilleure ?

____

____

DATE ____ / ____ / 20____

L'univers enterre d'étranges bijoux au plus profond de nous tous, puis nous observe de loin pour voir si nous pouvons les trouver.

ELIZABETH GILBERT

Je suis reconnaissant pour...

1. ______________________________
2. ______________________________
3. ______________________________

Que vais-je faire pour qu'aujourd'hui soit fantastique ?

1. ______________________________
2. ______________________________
3. ______________________________

L'affirmation du jour

____

____

3 choses fantastiques qui me sont arrivées aujourd'hui...

1. ______________________________
2. ______________________________
3. ______________________________

Comment aurais-je pu rendre cette journée encore meilleure ?

____

____

DATE ____ / ____ / 20____

Voici le test ultime d'un gentleman : son respect pour ceux qui ne lui sont d'aucune valeur.

William Lyon Phelps

Je suis reconnaissant pour...

1. ________
2. ________
3. ________

Que vais-je faire pour qu'aujourd'hui soit fantastique ?

1. ________
2. ________
3. ________

L'affirmation du jour

____

____

3 choses fantastiques qui me sont arrivées aujourd'hui...

1. ________
2. ________
3. ________

Comment aurais-je pu rendre cette journée encore meilleure ?

____

____

DATE ____/____/ 20____

Aimez tout le monde, faites confiance à peu et ne faites du tort à personne.

WILLIAM SHAKESPEARE

Je suis reconnaissant pour...

1. ______
2. ______
3. ______

Que vais-je faire pour qu'aujourd'hui soit fantastique ?

1. ______
2. ______
3. ______

L'affirmation du jour

______

______

3 choses fantastiques qui me sont arrivées aujourd'hui...

1. ______
2. ______
3. ______

Comment aurais-je pu rendre cette journée encore meilleure ?

______

______

DATE ____ / ____ / 20

C'est merveilleux combien de bonnes choses un homme peut accomplir dans ce monde s'il ne se soucie pas de savoir à qui en reviendra le mérite.

PERE STRICKLAND

Je suis reconnaissant pour...

1. ______
2. ______
3. ______

Que vais-je faire pour qu'aujourd'hui soit fantastique ?

1. ______
2. ______
3. ______

L'affirmation du jour

______

______

3 choses fantastiques qui me sont arrivées aujourd'hui...

1. ______
2. ______
3. ______

Comment aurais-je pu rendre cette journée encore meilleure ?

______

______

DATE ____ / ____ / 20____

DÉFI DE LA SEMAINE

Quand j'avais 7 ans, mon activité préférée était ______________________

Faire cette activité aujourd'hui.

Je suis reconnaissant pour...

1. ______________________
2. ______________________
3. ______________________

Que vais-je faire pour qu'aujourd'hui soit fantastique ?

1. ______________________
2. ______________________
3. ______________________

L'affirmation du jour

____

____

3 choses fantastiques qui me sont arrivées aujourd'hui...

1. ______________________
2. ______________________
3. ______________________

Comment aurais-je pu rendre cette journée encore meilleure ?

____

____

DATE ____ / ____ / 20____

La vie devient plus facile à vivre une fois que vous apprenez à accepter les excuses que vous n'avez jamais reçues.

Robert Brault

Je suis reconnaissant pour...

1. ____________________
2. ____________________
3. ____________________

Que vais-je faire pour qu'aujourd'hui soit fantastique ?

1. ____________________
2. ____________________
3. ____________________

L'affirmation du jour

____

____

3 choses fantastiques qui me sont arrivées aujourd'hui...

1. ____________________
2. ____________________
3. ____________________

Comment aurais-je pu rendre cette journée encore meilleure ?

____

____

DATE ____ / ____ / 20____

Le foyer n'est pas un lieu mais les personnes qui l'habitent. Si vous y retournez une fois que les personnes que vous aimez sont parties, alors vous ne verrez que ce qui n'y est plus.

ROBIN HOBB

Je suis reconnaissant pour...

1. ____________________
2. ____________________
3. ____________________

Que vais-je faire pour qu'aujourd'hui soit fantastique ?

1. ____________________
2. ____________________
3. ____________________

L'affirmation du jour

____

____

3 choses fantastiques qui me sont arrivées aujourd'hui...

1. ____________________
2. ____________________
3. ____________________

Comment aurais-je pu rendre cette journée encore meilleure ?

____

____

DATE ____ / ____ / 20____

Seulement ceux qui prennent le risque d'aller plus loin peuvent éventuellement découvrir jusqu'où ils sont prêts à aller.

T.S. ELIOT

Je suis reconnaissant pour...

1. ____
2. ____
3. ____

Que vais-je faire pour qu'aujourd'hui soit fantastique ?

1. ____
2. ____
3. ____

L'affirmation du jour

____

____

3 choses fantastiques qui me sont arrivées aujourd'hui...

1. ____
2. ____
3. ____

Comment aurais-je pu rendre cette journée encore meilleure ?

____

____

DATE ____ / ____ / 20____

Dans certains cas, continuer, seulement continuer, voilà ce qui est surhumain.

ALBERT CAMUS

Je suis reconnaissant pour...

1. ______
2. ______
3. ______

Que vais-je faire pour qu'aujourd'hui soit fantastique ?

1. ______
2. ______
3. ______

L'affirmation du jour

______

______

3 choses fantastiques qui me sont arrivées aujourd'hui...

1. ______
2. ______
3. ______

Comment aurais-je pu rendre cette journée encore meilleure ?

______

______

DATE ____ / ____ / 20____

L'argent ne change pas les gens,
il les aide simplement à être ce qu'ils sont vraiment.

GRAND-PÈRE SIMPSON

Je suis reconnaissant pour...

1. ____________________
2. ____________________
3. ____________________

Que vais-je faire pour qu'aujourd'hui soit fantastique ?

1. ____________________
2. ____________________
3. ____________________

L'affirmation du jour

____

____

3 choses fantastiques qui me sont arrivées aujourd'hui...

1. ____________________
2. ____________________
3. ____________________

Comment aurais-je pu rendre cette journée encore meilleure ?

____

____

DATE ____ / ____ / 20____

DÉFI DE LA SEMAINE

Découvrir un nouveau café / restaurant dans mon quartier.

Je suis reconnaissant pour...

1. ______
2. ______
3. ______

Que vais-je faire pour qu'aujourd'hui soit fantastique ?

1. ______
2. ______
3. ______

L'affirmation du jour

______

______

3 choses fantastiques qui me sont arrivées aujourd'hui...

1. ______
2. ______
3. ______

Comment aurais-je pu rendre cette journée encore meilleure ?

______

______

DATE ____ / ____ / 20 ______

Une fois la partie terminée, le roi et le pion sont rangés dans la même boîte.

PROVERBE ITALIEN

Je suis reconnaissant pour...

1. ______
2. ______
3. ______

Que vais-je faire pour qu'aujourd'hui soit fantastique ?

1. ______
2. ______
3. ______

L'affirmation du jour

______

______

3 choses fantastiques qui me sont arrivées aujourd'hui...

1. ______
2. ______
3. ______

Comment aurais-je pu rendre cette journée encore meilleure ?

______

______

DATE ____ / ____ / 20____

Parlez quand vous êtes en colère et vous ferez le meilleur discours que vous regretterez toute votre vie.

Ambrose Bierce

Je suis reconnaissant pour...

1. ______
2. ______
3. ______

Que vais-je faire pour qu'aujourd'hui soit fantastique ?

1. ______
2. ______
3. ______

L'affirmation du jour

______

______

3 choses fantastiques qui me sont arrivées aujourd'hui...

1. ______
2. ______
3. ______

Comment aurais-je pu rendre cette journée encore meilleure ?

______

______

DATE ____/____/20____

Vous devriez vous asseoir et méditer pendant 20 minutes tous les jours, à moins d'être trop occupé ; dans ce cas là, vous devriez méditer pendant une heure.

ADAGE ZEN

Je suis reconnaissant pour...

1. ______
2. ______
3. ______

Que vais-je faire pour qu'aujourd'hui soit fantastique ?

1. ______
2. ______
3. ______

L'affirmation du jour

______

______

3 choses fantastiques qui me sont arrivées aujourd'hui...

1. ______
2. ______
3. ______

Comment aurais-je pu rendre cette journée encore meilleure ?

______

______

DATE ____ / ____ / 20____

La mort n'est la fin que si vous présumez être le protagoniste de votre propre histoire.

JOSEPH FINK

Je suis reconnaissant pour...

1. ______________________
2. ______________________
3. ______________________

Que vais-je faire pour qu'aujourd'hui soit fantastique ?

1. ______________________
2. ______________________
3. ______________________

L'affirmation du jour

____

____

3 choses fantastiques qui me sont arrivées aujourd'hui...

1. ______________________
2. ______________________
3. ______________________

Comment aurais-je pu rendre cette journée encore meilleure ?

____

____

DATE ____ / ____ / 20______

Parfois je me demande : « Qu'est-ce qu'un ami ? » et puis je me dis « que c'est quelqu'un avec qui l'on partage le dernier cookie. »

MACARON LE GLOUTON

Je suis reconnaissant pour...

1. ______
2. ______
3. ______

Que vais-je faire pour qu'aujourd'hui soit fantastique ?

1. ______
2. ______
3. ______

L'affirmation du jour

______

______

3 choses fantastiques qui me sont arrivées aujourd'hui...

1. ______
2. ______
3. ______

Comment aurais-je pu rendre cette journée encore meilleure ?

______

______

DATE ____ / ____ / 20____

Utilisez le talent que vous possédez ; les bois seraient très silencieux si les oiseaux qui chantent étaient ceux qui chantaient le mieux.

HENRY VAN DYKE

Je suis reconnaissant pour...

1. ______________________________
2. ______________________________
3. ______________________________

Que vais-je faire pour qu'aujourd'hui soit fantastique ?

1. ______________________________
2. ______________________________
3. ______________________________

L'affirmation du jour

____

____

3 choses fantastiques qui me sont arrivées aujourd'hui...

1. ______________________________
2. ______________________________
3. ______________________________

Comment aurais-je pu rendre cette journée encore meilleure ?

____

____

DATE ____ / ____ / 20____

DÉFI DE LA SEMAINE

Solliciter auprès d'un ami, d'un membre de ma famille ou de mon supérieur des commentaires constructifs sur la manière dont je peux m'améliorer.

Je suis reconnaissant pour...

1. ____________________
2. ____________________
3. ____________________

Que vais-je faire pour qu'aujourd'hui soit fantastique ?

1. ____________________
2. ____________________
3. ____________________

L'affirmation du jour

____

____

3 choses fantastiques qui me sont arrivées aujourd'hui...

1. ____________________
2. ____________________
3. ____________________

Comment aurais-je pu rendre cette journée encore meilleure ?

____

____

DATE ____ / ____ / 20____

L'humilité ne signifie pas avoir une moins bonne opinion de soi mais moins penser à soi.

C.S LEWIS

Je suis reconnaissant pour...

1. ______________________
2. ______________________
3. ______________________

Que vais-je faire pour qu'aujourd'hui soit fantastique ?

1. ______________________
2. ______________________
3. ______________________

L'affirmation du jour

____

____

3 choses fantastiques qui me sont arrivées aujourd'hui...

1. ______________________
2. ______________________
3. ______________________

Comment aurais-je pu rendre cette journée encore meilleure ?

____

____

DATE ____ / ____ / 20____

Si vous ne pouvez pas dire la vérité à votre sujet, alors vous ne pouvez pas dire la vérité à propos des autres.

VIRGINIA WOOLF

Je suis reconnaissant pour...

1. ______
2. ______
3. ______

Que vais-je faire pour qu'aujourd'hui soit fantastique ?

1. ______
2. ______
3. ______

L'affirmation du jour

______

______

3 choses fantastiques qui me sont arrivées aujourd'hui...

1. ______
2. ______
3. ______

Comment aurais-je pu rendre cette journée encore meilleure ?

______

______

DATE ____ / ____ / 20____

Le bonheur est comme un papillon ; plus on le poursuit, plus il nous échappe. Mais si l'on s'intéresse à autre chose, alors il viendra se poser doucement sur notre épaule.

HENRY DAVID THOREAU

Je suis reconnaissant pour...

1. ____________________
2. ____________________
3. ____________________

Que vais-je faire pour qu'aujourd'hui soit fantastique ?

1. ____________________
2. ____________________
3. ____________________

L'affirmation du jour

____

____

3 choses fantastiques qui me sont arrivées aujourd'hui...

1. ____________________
2. ____________________
3. ____________________

Comment aurais-je pu rendre cette journée encore meilleure ?

____

____

DATE ____/____/20____

C'est un homme sage celui qui ne regrette pas ce qu'il n'a pas mais se réjouit de ce qu'il possède.

EPICTÈTE

Je suis reconnaissant pour...

1. ____
2. ____
3. ____

Que vais-je faire pour qu'aujourd'hui soit fantastique ?

1. ____
2. ____
3. ____

L'affirmation du jour

____

____

3 choses fantastiques qui me sont arrivées aujourd'hui...

1. ____
2. ____
3. ____

Comment aurais-je pu rendre cette journée encore meilleure ?

____

____

DATE ____ / ____ / 20____

Retirez ces autocollants « Je veux que tu m'aimes » de votre front, et collez-les là où ils vous feront le plus grand bien : sur votre miroir !

SUSAN JEFFERS

Je suis reconnaissant pour...

1. ____________________
2. ____________________
3. ____________________

Que vais-je faire pour qu'aujourd'hui soit fantastique ?

1. ____________________
2. ____________________
3. ____________________

L'affirmation du jour

____

____

3 choses fantastiques qui me sont arrivées aujourd'hui...

1. ____________________
2. ____________________
3. ____________________

Comment aurais-je pu rendre cette journée encore meilleure ?

____

____

DATE ____ / ____ / 20____

DÉFI DE LA SEMAINE

Cette semaine, faire quelque chose pour la première fois.

Je suis reconnaissant pour...

1. ______________________
2. ______________________
3. ______________________

Que vais-je faire pour qu'aujourd'hui soit fantastique ?

1. ______________________
2. ______________________
3. ______________________

L'affirmation du jour

____

____

3 choses fantastiques qui me sont arrivées aujourd'hui...

1. ______________________
2. ______________________
3. ______________________

Comment aurais-je pu rendre cette journée encore meilleure ?

____

____

DATE ____ / ____ / 20____

Que vos choix reflètent vos espoirs et non vos peurs.

NELSON MANDELA

Je suis reconnaissant pour...

1. ______
2. ______
3. ______

Que vais-je faire pour qu'aujourd'hui soit fantastique ?

1. ______
2. ______
3. ______

L'affirmation du jour

______

______

3 choses fantastiques qui me sont arrivées aujourd'hui...

1. ______
2. ______
3. ______

Comment aurais-je pu rendre cette journée encore meilleure ?

______

______

DATE ____ / ____ / 20____

Ceux qui disent que quelque chose ne peut être accompli ne devraient pas interrompre ceux qui essaient.

Proverbe Chinois

Je suis reconnaissant pour...

1. ______
2. ______
3. ______

Que vais-je faire pour qu'aujourd'hui soit fantastique ?

1. ______
2. ______
3. ______

L'affirmation du jour

______

______

3 choses fantastiques qui me sont arrivées aujourd'hui...

1. ______
2. ______
3. ______

Comment aurais-je pu rendre cette journée encore meilleure ?

______

______

DATE ____ / ____ / 20____

La plupart des gens surestiment ce qu'ils peuvent faire en un an et sous-estiment ce qu'ils peuvent faire en dix ans.

BILL GATES

Je suis reconnaissant pour...

1. ______
2. ______
3. ______

Que vais-je faire pour qu'aujourd'hui soit fantastique ?

1. ______
2. ______
3. ______

L'affirmation du jour

______

______

3 choses fantastiques qui me sont arrivées aujourd'hui...

1. ______
2. ______
3. ______

Comment aurais-je pu rendre cette journée encore meilleure ?

______

______

DATE ____/____/ 20______

Si vous prenez soin des minutes, les années prendront soin d'elles-mêmes.

PROVERBE TIBÉTAIN

Je suis reconnaissant pour...

1. ______
2. ______
3. ______

Que vais-je faire pour qu'aujourd'hui soit fantastique ?

1. ______
2. ______
3. ______

L'affirmation du jour

______

______

3 choses fantastiques qui me sont arrivées aujourd'hui...

1. ______
2. ______
3. ______

Comment aurais-je pu rendre cette journée encore meilleure ?

______

______

DATE ____ / ____ / 20____

La normalité est une illusion : ce qui est normal pour l'araignée est le chaos pour la mouche.

MORTICIA ADDAMS

Je suis reconnaissant pour...

1. ______________________
2. ______________________
3. ______________________

Que vais-je faire pour qu'aujourd'hui soit fantastique ?

1. ______________________
2. ______________________
3. ______________________

L'affirmation du jour

____

____

3 choses fantastiques qui me sont arrivées aujourd'hui...

1. ______________________
2. ______________________
3. ______________________

Comment aurais-je pu rendre cette journée encore meilleure ?

____

____

DATE ____ / ____ / 20____

Nous pouvons nous plaindre que les buissons de roses ont des épines ou apprécier le fait que les buissons d'épines ont des roses.

OSCAR WILDE

Je suis reconnaissant pour...

1. ______________________
2. ______________________
3. ______________________

Que vais-je faire pour qu'aujourd'hui soit fantastique ?

1. ______________________
2. ______________________
3. ______________________

L'affirmation du jour

____

____

3 choses fantastiques qui me sont arrivées aujourd'hui...

1. ______________________
2. ______________________
3. ______________________

Comment aurais-je pu rendre cette journée encore meilleure ?

____

____

DATE ____ / ____ / 20____

Beaucoup trop de gens cherchent à trouver la bonne personne au lieu d'essayer d'être une bonne personne.

GLORIA STEINEM

Je suis reconnaissant pour...

1. ____________________
2. ____________________
3. ____________________

Que vais-je faire pour qu'aujourd'hui soit fantastique ?

1. ____________________
2. ____________________
3. ____________________

L'affirmation du jour

____

____

3 choses fantastiques qui me sont arrivées aujourd'hui...

1. ____________________
2. ____________________
3. ____________________

Comment aurais-je pu rendre cette journée encore meilleure ?

____

____

DATE ____ / ____ / 20____

DÉFI DE LA SEMAINE

Rechercher sur Google « Les effets nocifs du sucre ». Éviter de consommer sucré le reste de la journée.

Je suis reconnaissant pour...

1. ____
2. ____
3. ____

Que vais-je faire pour qu'aujourd'hui soit fantastique ?

1. ____
2. ____
3. ____

L'affirmation du jour

____

____

3 choses fantastiques qui me sont arrivées aujourd'hui...

1. ____
2. ____
3. ____

Comment aurais-je pu rendre cette journée encore meilleure ?

____

____

DATE ____ / ____ / 20____

La gratitude est une monnaie que nous pouvons amasser pour notre bien et dépenser sans crainte de faillite.

FRED DE WITT VAN AMBURGH

Je suis reconnaissant pour...

1. ____________________
2. ____________________
3. ____________________

Que vais-je faire pour qu'aujourd'hui soit fantastique ?

1. ____________________
2. ____________________
3. ____________________

L'affirmation du jour

____

____

3 choses fantastiques qui me sont arrivées aujourd'hui...

1. ____________________
2. ____________________
3. ____________________

Comment aurais-je pu rendre cette journée encore meilleure ?

____

____

DATE ____ / ____ / 20____

Ceux qui ne bougent pas ne remarquent pas leurs chaînes.

ROSA LUXEMBOURG

Je suis reconnaissant pour...

1. ______
2. ______
3. ______

Que vais-je faire pour qu'aujourd'hui soit fantastique ?

1. ______
2. ______
3. ______

L'affirmation du jour

______

______

3 choses fantastiques qui me sont arrivées aujourd'hui...

1. ______
2. ______
3. ______

Comment aurais-je pu rendre cette journée encore meilleure ?

______

______

DATE ____ / ____ / 20____

Si vous placez une personne sur un piédestal, elle n'aura d'autre choix que de vous regarder de haut.

JOHN PRECOR

Je suis reconnaissant pour...

1. ______
2. ______
3. ______

Que vais-je faire pour qu'aujourd'hui soit fantastique ?

1. ______
2. ______
3. ______

L'affirmation du jour

______

______

3 choses fantastiques qui me sont arrivées aujourd'hui...

1. ______
2. ______
3. ______

Comment aurais-je pu rendre cette journée encore meilleure ?

______

______

DATE ____ / ____ / 20____

Choisissez un travail que vous aimez et vous n'aurez pas à travailler un seul jour de votre vie.

CONFUCIUS

Je suis reconnaissant pour...

1. ______
2. ______
3. ______

Que vais-je faire pour qu'aujourd'hui soit fantastique ?

1. ______
2. ______
3. ______

L'affirmation du jour

______

______

3 choses fantastiques qui me sont arrivées aujourd'hui...

1. ______
2. ______
3. ______

Comment aurais-je pu rendre cette journée encore meilleure ?

______

______

DATE ____ / ____ / 20 ______

Ne vous plaignez pas de vieillir. C'est un privilège qui n'est pas accordé à beaucoup.

MARK TWAIN

Je suis reconnaissant pour...

1. ______
2. ______
3. ______

Que vais-je faire pour qu'aujourd'hui soit fantastique ?

1. ______
2. ______
3. ______

L'affirmation du jour

______

______

3 choses fantastiques qui me sont arrivées aujourd'hui...

1. ______
2. ______
3. ______

Comment aurais-je pu rendre cette journée encore meilleure ?

______

______

DATE ____ / ____ / 20____

Notre jugement personnel se base sur nos intentions, notre jugement des autres sur leur comportement.

STEPHEN M.R. COVEY

Je suis reconnaissant pour...

1. ______________________________
2. ______________________________
3. ______________________________

Que vais-je faire pour qu'aujourd'hui soit fantastique ?

1. ______________________________
2. ______________________________
3. ______________________________

L'affirmation du jour

____

____

3 choses fantastiques qui me sont arrivées aujourd'hui...

1. ______________________________
2. ______________________________
3. ______________________________

Comment aurais-je pu rendre cette journée encore meilleure ?

____

____

DATE ____ / ____ / 20____

DÉFI DE LA SEMAINE

Y a-t-il une nouvelle activité que j'aimerais commencer ?
Investir 30 minutes de mon temps aujourd'hui
et rechercher quand et comment je peux commencer.

Je suis reconnaissant pour...

1. ______________________________
2. ______________________________
3. ______________________________

Que vais-je faire pour qu'aujourd'hui soit fantastique ?

1. ______________________________
2. ______________________________
3. ______________________________

L'affirmation du jour

____

____

3 choses fantastiques qui me sont arrivées aujourd'hui...

1. ______________________________
2. ______________________________
3. ______________________________

Comment aurais-je pu rendre cette journée encore meilleure ?

____

____

DATE ____ / ____ / 20______

Prenez-vous à la légère mais prenez le monde au sérieux.

MIYAMOTO MUSASHI

Je suis reconnaissant pour...

1. ______
2. ______
3. ______

Que vais-je faire pour qu'aujourd'hui soit fantastique ?

1. ______
2. ______
3. ______

L'affirmation du jour

______

______

3 choses fantastiques qui me sont arrivées aujourd'hui...

1. ______
2. ______
3. ______

Comment aurais-je pu rendre cette journée encore meilleure ?

______

______

DATE ____ / ____ / 20____

Il ne faut avoir aucun regret pour le passé, aucun remords pour le présent, et une confiance inébranlable pour l'avenir.

JEAN JAURÈS

Je suis reconnaissant pour...

1. ____
2. ____
3. ____

Que vais-je faire pour qu'aujourd'hui soit fantastique ?

1. ____
2. ____
3. ____

L'affirmation du jour

____

____

3 choses fantastiques qui me sont arrivées aujourd'hui...

1. ____
2. ____
3. ____

Comment aurais-je pu rendre cette journée encore meilleure ?

____

____

DATE ____/____/20____

Ce n'est pas votre vie, c'est la vie. La vie vous surpasse. Elle n'est pas quelque chose que vous possédez, elle est un acte dont vous êtes témoin et auquel vous participez pleinement.

LOUIS C.K.

Je suis reconnaissant pour...

1. ____________________
2. ____________________
3. ____________________

Que vais-je faire pour qu'aujourd'hui soit fantastique ?

1. ____________________
2. ____________________
3. ____________________

L'affirmation du jour

____

____

3 choses fantastiques qui me sont arrivées aujourd'hui...

1. ____________________
2. ____________________
3. ____________________

Comment aurais-je pu rendre cette journée encore meilleure ?

____

____

DATE ____ / ____ / 20______

La vie sans musique est tout simplement une erreur, un calvaire, un exil.

FRIEDRICH NIETZSCHE

Je suis reconnaissant pour...

1. ______
2. ______
3. ______

Que vais-je faire pour qu'aujourd'hui soit fantastique ?

1. ______
2. ______
3. ______

L'affirmation du jour

______

______

3 choses fantastiques qui me sont arrivées aujourd'hui...

1. ______
2. ______
3. ______

Comment aurais-je pu rendre cette journée encore meilleure ?

______

______

DATE ____ / ____ / 20 ______

Le bonheur est parfois caché dans l'inconnu.

VICTOR HUGO

Je suis reconnaissant pour...

1. ______
2. ______
3. ______

Que vais-je faire pour qu'aujourd'hui soit fantastique ?

1. ______
2. ______
3. ______

L'affirmation du jour

______

______

3 choses fantastiques qui me sont arrivées aujourd'hui...

1. ______
2. ______
3. ______

Comment aurais-je pu rendre cette journée encore meilleure ?

______

______

DATE ____ / ____ / 20____

Parfois le seul fait de vivre est un acte de courage.

SÉNÈQUE

Je suis reconnaissant pour...

1. ____________________
2. ____________________
3. ____________________

Que vais-je faire pour qu'aujourd'hui soit fantastique ?

1. ____________________
2. ____________________
3. ____________________

L'affirmation du jour

____

____

3 choses fantastiques qui me sont arrivées aujourd'hui...

1. ____________________
2. ____________________
3. ____________________

Comment aurais-je pu rendre cette journée encore meilleure ?

____

____

DATE ____/____/20____

DÉFI DE LA SEMAINE

Ranger ma chambre ou ma table de travail aujourd'hui.

Je suis reconnaissant pour...

1. ____
2. ____
3. ____

Que vais-je faire pour qu'aujourd'hui soit fantastique ?

1. ____
2. ____
3. ____

L'affirmation du jour

____

____

3 choses fantastiques qui me sont arrivées aujourd'hui...

1. ____
2. ____
3. ____

Comment aurais-je pu rendre cette journée encore meilleure ?

____

____

DATE ____ / ____ / 20____

Connaître ne suffit pas. Il faut savoir l'appliquer.
La volonté ne suffit pas. Il faut savoir agir.

BRUCE LEE

Je suis reconnaissant pour...

1. ____________________
2. ____________________
3. ____________________

Que vais-je faire pour qu'aujourd'hui soit fantastique ?

1. ____________________
2. ____________________
3. ____________________

L'affirmation du jour

____

____

3 choses fantastiques qui me sont arrivées aujourd'hui...

1. ____________________
2. ____________________
3. ____________________

Comment aurais-je pu rendre cette journée encore meilleure ?

____

____

DATE ____/____/20____

La folie, c'est se comporter de la même manière et s'attendre à un résultat différent.

ALBERT EINSTEIN

Je suis reconnaissant pour...

1. ____________________
2. ____________________
3. ____________________

Que vais-je faire pour qu'aujourd'hui soit fantastique ?

1. ____________________
2. ____________________
3. ____________________

L'affirmation du jour

____

____

3 choses fantastiques qui me sont arrivées aujourd'hui...

1. ____________________
2. ____________________
3. ____________________

Comment aurais-je pu rendre cette journée encore meilleure ?

____

____

DATE ____ / ____ / 20____

En te levant le matin, rappelle-toi combien précieux est le privilège de vivre, de respirer, d'être heureux.

Marc Aurèle

Je suis reconnaissant pour...

1. ________________
2. ________________
3. ________________

Que vais-je faire pour qu'aujourd'hui soit fantastique ?

1. ________________
2. ________________
3. ________________

L'affirmation du jour

____

____

3 choses fantastiques qui me sont arrivées aujourd'hui...

1. ________________
2. ________________
3. ________________

Comment aurais-je pu rendre cette journée encore meilleure ?

____

____

DATE ____ / ____ / 20____

Vos choix définissent votre vie.
Choisissez avec sagesse.

MIMI IKONN

Je suis reconnaissant pour...

1. ____________________
2. ____________________
3. ____________________

Que vais-je faire pour qu'aujourd'hui soit fantastique ?

1. ____________________
2. ____________________
3. ____________________

L'affirmation du jour

____

____

3 choses fantastiques qui me sont arrivées aujourd'hui...

1. ____________________
2. ____________________
3. ____________________

Comment aurais-je pu rendre cette journée encore meilleure ?

____

____

DATE ____ / ____ / 20____

Chaque fois que vous souriez à quelqu'un, c'est un acte d'amour. Un cadeau à une personne, une chose merveilleuse.

MÈRE TERESA

Je suis reconnaissant pour...

1. ______
2. ______
3. ______

Que vais-je faire pour qu'aujourd'hui soit fantastique ?

1. ______
2. ______
3. ______

L'affirmation du jour

______

______

3 choses fantastiques qui me sont arrivées aujourd'hui...

1. ______
2. ______
3. ______

Comment aurais-je pu rendre cette journée encore meilleure ?

______

______

DATE ____ / ____ / 20____

L'attention est la forme la plus fondamentale de l'amour. En prêtant attention, nous nous laissons toucher par la vie, et nos cœurs deviennent naturellement plus ouverts et engagés.

TARA BRACH

Je suis reconnaissant pour...

1. ____
2. ____
3. ____

Que vais-je faire pour qu'aujourd'hui soit fantastique ?

1. ____
2. ____
3. ____

L'affirmation du jour

____

____

3 choses fantastiques qui me sont arrivées aujourd'hui...

1. ____
2. ____
3. ____

Comment aurais-je pu rendre cette journée encore meilleure ?

____

____

DATE ____ / ____ / 20______

DÉFI DE LA SEMAINE

Un des films que j'aime le plus et qui me redonne toujours le sourire en plus d'être amusant est ______________________
Le regarder encore une fois.

Je suis reconnaissant pour...

1. ______________________________
2. ______________________________
3. ______________________________

Que vais-je faire pour qu'aujourd'hui soit fantastique ?

1. ______________________________
2. ______________________________
3. ______________________________

L'affirmation du jour

____

____

3 choses fantastiques qui me sont arrivées aujourd'hui...

1. ______________________________
2. ______________________________
3. ______________________________

Comment aurais-je pu rendre cette journée encore meilleure ?

____

____

DATE ____ / ____ / 20____

D'expérience, je peux affirmer que l'effet que vous avez sur les autres est la monnaie la plus précieuse qui puisse exister.

Jim Carrey

Je suis reconnaissant pour...

1. ____
2. ____
3. ____

Que vais-je faire pour qu'aujourd'hui soit fantastique ?

1. ____
2. ____
3. ____

L'affirmation du jour

____

____

3 choses fantastiques qui me sont arrivées aujourd'hui...

1. ____
2. ____
3. ____

Comment aurais-je pu rendre cette journée encore meilleure ?

____

____

DATE ____ / ____ / 20______

En trois mots, je peux résumer ce que j'ai appris :
la vie continue.

ROBERT FROST

Je suis reconnaissant pour...

1. ______
2. ______
3. ______

Que vais-je faire pour qu'aujourd'hui soit fantastique ?

1. ______
2. ______
3. ______

L'affirmation du jour

______

______

3 choses fantastiques qui me sont arrivées aujourd'hui...

1. ______
2. ______
3. ______

Comment aurais-je pu rendre cette journée encore meilleure ?

______

______

DATE ____ / ____ / 20____

Les gens les plus sophistiqués que je connais sont tous, au fond, des enfants.

JIM HENSON

Je suis reconnaissant pour...

1. ____________________
2. ____________________
3. ____________________

Que vais-je faire pour qu'aujourd'hui soit fantastique ?

1. ____________________
2. ____________________
3. ____________________

L'affirmation du jour

____

____

3 choses fantastiques qui me sont arrivées aujourd'hui...

1. ____________________
2. ____________________
3. ____________________

Comment aurais-je pu rendre cette journée encore meilleure ?

____

____

DATE ____ / ____ / 20______

Tous les dirigeants doivent avoir deux choses : ils doivent avoir une vision du monde qui n'existe pas et ils doivent avoir la capacité de la communiquer.

SIMON SINEK

Je suis reconnaissant pour...

1. ______
2. ______
3. ______

Que vais-je faire pour qu'aujourd'hui soit fantastique ?

1. ______
2. ______
3. ______

L'affirmation du jour

______

______

3 choses fantastiques qui me sont arrivées aujourd'hui...

1. ______
2. ______
3. ______

Comment aurais-je pu rendre cette journée encore meilleure ?

______

______

DATE ____ / ____ / 20______

Nous ne découvrirons le pouvoir infini de notre lumière que lorsque nous serons assez courageux pour explorer l'obscurité.

BRENÉ BROWN

Je suis reconnaissant pour...

1. ______
2. ______
3. ______

Que vais-je faire pour qu'aujourd'hui soit fantastique ?

1. ______
2. ______
3. ______

L'affirmation du jour

______

______

3 choses fantastiques qui me sont arrivées aujourd'hui...

1. ______
2. ______
3. ______

Comment aurais-je pu rendre cette journée encore meilleure ?

______

______

DATE ____ / ____ / 20____

DÉFI DE LA SEMAINE

Trouver le refuge pour animaux le plus proche de chez moi. Voir comment je peux améliorer leurs conditions de vie ou promener un de leurs chiens.

Je suis reconnaissant pour...

1. ____________________
2. ____________________
3. ____________________

Que vais-je faire pour qu'aujourd'hui soit fantastique ?

1. ____________________
2. ____________________
3. ____________________

L'affirmation du jour

____

____

3 choses fantastiques qui me sont arrivées aujourd'hui...

1. ____________________
2. ____________________
3. ____________________

Comment aurais-je pu rendre cette journée encore meilleure ?

____

____

DATE ____ / ____ / 20____

Pour maîtriser un art, que ce soit le piano ou la méditation, la persévérance, la patience ainsi qu'un entraînement systématique sont nécessaires.

JACK KORNFIELD

Je suis reconnaissant pour...

1. ______________________________
2. ______________________________
3. ______________________________

Que vais-je faire pour qu'aujourd'hui soit fantastique ?

1. ______________________________
2. ______________________________
3. ______________________________

L'affirmation du jour

____

____

3 choses fantastiques qui me sont arrivées aujourd'hui...

1. ______________________________
2. ______________________________
3. ______________________________

Comment aurais-je pu rendre cette journée encore meilleure ?

____

____

DATE ____ / ____ / 20____

La cave dans laquelle vous appréhendez d'entrer possède le trésor que vous recherchez.

JOSEPH CAMPBELL

Je suis reconnaissant pour...

1. ____________________
2. ____________________
3. ____________________

Que vais-je faire pour qu'aujourd'hui soit fantastique ?

1. ____________________
2. ____________________
3. ____________________

L'affirmation du jour

____

____

3 choses fantastiques qui me sont arrivées aujourd'hui...

1. ____________________
2. ____________________
3. ____________________

Comment aurais-je pu rendre cette journée encore meilleure ?

____

____

DATE ____ / ____ / 20____

Sans planification, vous allez vers l'échec.

BENJAMIN FRANKLIN

Je suis reconnaissant pour...

1. ______
2. ______
3. ______

Que vais-je faire pour qu'aujourd'hui soit fantastique ?

1. ______
2. ______
3. ______

L'affirmation du jour

______

______

3 choses fantastiques qui me sont arrivées aujourd'hui...

1. ______
2. ______
3. ______

Comment aurais-je pu rendre cette journée encore meilleure ?

______

______

Rappel

Il vous reste deux semaines
avant d'achever votre journal.

Nous vous recommandons de vous en procurer un nouvel exemplaire dès maintenant.

DATE ____ / ____ / 20____

Le véritable cadeau de la gratitude est que plus vous êtes reconnaissant, plus vous devenez présent.

Robert Holden

Je suis reconnaissant pour...

1. ______________________
2. ______________________
3. ______________________

Que vais-je faire pour qu'aujourd'hui soit fantastique ?

1. ______________________
2. ______________________
3. ______________________

L'affirmation du jour

____

____

☾

3 choses fantastiques qui me sont arrivées aujourd'hui...

1. ______________________
2. ______________________
3. ______________________

Comment aurais-je pu rendre cette journée encore meilleure ?

____

____

DATE ____ / ____ / 20____

Un jour, vous vous réveillerez et vous n'aurez plus le temps de faire ce que vous avez toujours voulu faire. Faites-le donc maintenant.

PAULO COELHO

Je suis reconnaissant pour...

1. ______
2. ______
3. ______

Que vais-je faire pour qu'aujourd'hui soit fantastique ?

1. ______
2. ______
3. ______

L'affirmation du jour

______

______

3 choses fantastiques qui me sont arrivées aujourd'hui...

1. ______
2. ______
3. ______

Comment aurais-je pu rendre cette journée encore meilleure ?

______

______

DATE ____ / ____ / 20____

Le progrès continu vaut mieux que la perfection retardée.

MARK TWAIN

Je suis reconnaissant pour...

1. ____
2. ____
3. ____

Que vais-je faire pour qu'aujourd'hui soit fantastique ?

1. ____
2. ____
3. ____

L'affirmation du jour

____

____

3 choses fantastiques qui me sont arrivées aujourd'hui...

1. ____
2. ____
3. ____

Comment aurais-je pu rendre cette journée encore meilleure ?

____

____

DATE ____/____/ 20____

DÉFI DE LA SEMAINE

Noter les qualités que j'apprécie le plus chez les gens et qui m'inspirent. Commencer à les mettre en pratique dans ma vie dès maintenant.

Je suis reconnaissant pour...

1. ______
2. ______
3. ______

Que vais-je faire pour qu'aujourd'hui soit fantastique ?

1. ______
2. ______
3. ______

L'affirmation du jour

______

______

3 choses fantastiques qui me sont arrivées aujourd'hui...

1. ______
2. ______
3. ______

Comment aurais-je pu rendre cette journée encore meilleure ?

______

______

DATE ____ / ____ / 20____

Ce que nous craignons le plus est généralement ce que nous avons le plus besoin de faire.

TIM FERRISS

Je suis reconnaissant pour...

1. ____________________
2. ____________________
3. ____________________

Que vais-je faire pour qu'aujourd'hui soit fantastique ?

1. ____________________
2. ____________________
3. ____________________

L'affirmation du jour

____

____

3 choses fantastiques qui me sont arrivées aujourd'hui...

1. ____________________
2. ____________________
3. ____________________

Comment aurais-je pu rendre cette journée encore meilleure ?

____

____

DATE ____/____/20____

Le bonheur est ce qui nous arrive quand nous reconnaissons à quel point les choses sont belles telles qu'elles sont.

MARIANNE WILLIAMSON

Je suis reconnaissant pour...

1. ____________________
2. ____________________
3. ____________________

Que vais-je faire pour qu'aujourd'hui soit fantastique ?

1. ____________________
2. ____________________
3. ____________________

L'affirmation du jour

____

____

3 choses fantastiques qui me sont arrivées aujourd'hui...

1. ____________________
2. ____________________
3. ____________________

Comment aurais-je pu rendre cette journée encore meilleure ?

____

____

DATE ____ / ____ / 20____

Passez plus de temps à sourire plutôt que de froncer les sourcils et plus de temps à complimenter au lieu de critiquer.

RICHARD BRANSON

Je suis reconnaissant pour...

1. ______
2. ______
3. ______

Que vais-je faire pour qu'aujourd'hui soit fantastique ?

1. ______
2. ______
3. ______

L'affirmation du jour

______

______

3 choses fantastiques qui me sont arrivées aujourd'hui...

1. ______
2. ______
3. ______

Comment aurais-je pu rendre cette journée encore meilleure ?

______

______

DATE ____ / ____ / 20____

Vous devenez ce que vous pensez. Vous attirez ce que vous ressentez. Vous créez ce que vous imaginez.

BOUDDHA

Je suis reconnaissant pour...

1. ____________________
2. ____________________
3. ____________________

Que vais-je faire pour qu'aujourd'hui soit fantastique ?

1. ____________________
2. ____________________
3. ____________________

L'affirmation du jour

____

____

3 choses fantastiques qui me sont arrivées aujourd'hui...

1. ____________________
2. ____________________
3. ____________________

Comment aurais-je pu rendre cette journée encore meilleure ?

____

____

DATE ____ / ____ / 20____

La vie elle-même est votre professeur, et vous êtes dans un état d'apprentissage permanent.

Bruce Lee

Je suis reconnaissant pour...

1. ______________________
2. ______________________
3. ______________________

Que vais-je faire pour qu'aujourd'hui soit fantastique ?

1. ______________________
2. ______________________
3. ______________________

L'affirmation du jour

____

____

3 choses fantastiques qui me sont arrivées aujourd'hui...

1. ______________________
2. ______________________
3. ______________________

Comment aurais-je pu rendre cette journée encore meilleure ?

____

____

DATE ____ / ____ / 20____

Gardez constamment votre visage face au soleil et vous ne serez jamais dans l'obscurité. C'est ce que font les tournesols.

HELEN KELLER

Je suis reconnaissant pour...

1. ______________________
2. ______________________
3. ______________________

Que vais-je faire pour qu'aujourd'hui soit fantastique ?

1. ______________________
2. ______________________
3. ______________________

L'affirmation du jour

____

____

3 choses fantastiques qui me sont arrivées aujourd'hui...

1. ______________________
2. ______________________
3. ______________________

Comment aurais-je pu rendre cette journée encore meilleure ?

____

____

DATE ____ / ____ / 20____

Lorsque vous changez votre manière d'appréhender le monde, celui-ci se modifie.

WAYNE DYER

Je suis reconnaissant pour...

1. ____
2. ____
3. ____

Que vais-je faire pour qu'aujourd'hui soit fantastique ?

1. ____
2. ____
3. ____

L'affirmation du jour

____

____

3 choses fantastiques qui me sont arrivées aujourd'hui...

1. ____
2. ____
3. ____

Comment aurais-je pu rendre cette journée encore meilleure ?

____

____

DATE ____ / ____ / 20____

DÉFI DE LA SEMAINE

Félicitations ! Vous avez complété les 6 premiers mois de ce journal. Prenez quelques minutes pour contempler ces derniers mois et savourez la récompense d'avoir établi une merveilleuse nouvelle habitude.

Je suis reconnaissant pour...

1. ____________________
2. ____________________
3. ____________________

Que vais-je faire pour qu'aujourd'hui soit fantastique ?

1. ____________________
2. ____________________
3. ____________________

L'affirmation du jour

____

____

3 choses fantastiques qui me sont arrivées aujourd'hui...

1. ____________________
2. ____________________
3. ____________________

Comment aurais-je pu rendre cette journée encore meilleure ?

____

____

Instants-clés et pauses-café

Il existe un secret détenu par les vrais écrivains
que les amateurs ignorent :
la vraie difficulté ne réside pas dans l'écriture
elle-même, mais dans le fait de trouver
le courage de s'asseoir devant sa feuille.
Ce qui nous en empêche, c'est la résistance.

–Steven Pressfield

Félicitations! Vous venez de finir l'équivalent d'une demi-année de rédaction du *Mon journal 5 minutes*. Vous êtes passé par des jours où il vous a été vraiment difficile de dégainer un crayon et d'écrire dans ces pages mais vous avez quand même trouvé la force de le faire. Vous avez réussi à prendre votre journal même lorsque vous étiez déjà au lit et que vous vous êtes soudainement rappelé que vous n'aviez pas encore écrit votre page du jour.

Bravo d'avoir vaincu la résistance pourtant forte dans ces deux cas.

C'est maintenant le moment de prendre une grande inspiration, de sourire et de prendre quelques minutes pour profiter pleinement de ce moment. Ces étapes-clés sont pour nous des instruments de mesure nous rappelant la longueur du chemin parcouru et nous rappelant aussi que nous pouvons aller encore plus loin, que le voyage continue. Ils nous permettent de faire l'inventaire de notre passé et de planifier notre futur, tout comme le début d'une nouvelle année, un anniversaire ou simplement une pause-café. Nous vous invitons à savourer cet instant-clé en prenant du temps pour vous.

***Dans quelle mesure* Mon journal 5 minutes**
a-t-il changé votre vie ?
Nous aimerions lire votre histoire!
Envoyez-la à info@alisio.fr

Nous espérons que vous vous êtes déjà procuré un nouvel exemplaire de *Mon journal 5 minutes* pour continuer à écrire demain.

Remerciements

Tout d'abord, je souhaiterais remercier ma mère, Lidia, qui a toujours cru en moi et en mon succès sans jamais me mettre de pression. Maman, tout ce que j'ai accompli, c'est grâce à toi.

Je souhaiterais remercier ma merveilleuse femme, Mimi, qui m'a toujours soutenu et qui a toujours été présente à mes côtés. Merci de croire et de rêver avec moi.

Je dois aussi remercier mon cher ami et co-créateur de ce journal, UJ, qui a toujours été une source d'inspiration et un ami incroyable à un tournant de ma vie.

Et je n'oublierai pas de remercier mes mentors virtuels, Richard Branson, Tim Ferriss, Robert Greene, Seth Godin, et Tony Robbins. Merci de prendre des risques et de partager vos histoires avec moi à travers vos livres. Grâce à vous, je crois à une vie meilleure.

- Alex Ikonn

À mes parents (Ramdas et Gayathri) – vous êtes absolument fantastiques. Je vous aime tous les deux et je vous dois tout; merci de m'avoir donné la vie.

J'aimerais aussi remercier mon bon ami Alex Ikonn (et co-créateur de ce journal) de partager avec moi une vision, celle d'un monde meilleur, où nous cohabitons dans une confiance absolue, et où changer le monde est notre préoccupation quotidienne.

Je souhaiterais également remercier Mimi Ikonn (la femme d'Alex) pour son implication et sa vision des choses, allant du marketing jusqu'au design. Tu es géniale.

Puis, j'aimerais nommer quelques personnes importantes – Moche Lokshin, Xenia Splawinski, Andrea Olivera, Eliana Stein, Raj Balkaran et Luke Chao.

Enfin, j'aimerais remercier d'incroyables professeurs – Greg Malsecki, Srimati Ralajakshmi, Jan Sapp, Tim Ferriss, Krishna Lal Mantriji, Paul Ekman et Mark Cummings.

- UJ Ramdas

En outre, nous souhaiterions remercier Dave Chang, Jayson Gaignard et Ameer Rosic, vous tous avez contribué à la création de ce journal.

Enfin, dernier remerciement mais pas des moindres, nous souhaiterions vous remercier. OUI VOUS, vous qui tenez ce journal et qui lisez ces lignes, pour oser faire le premier pas vers une vie meilleure.

Références

1. Raison pour laquelle 44 % des médecins sont en surpoids :

Kalb, C (October 13, 2008) Drop that corn dog, doctor. Newsweek

2. La volonté est une ressource limitée

Baumeister, R. F. Bratslavsky, E., Muraven, M., &Tice , D. M. (1998). Ego depletion: Is the active self a limited resource? Journal of Personality and Social Psychology

3. 3 heures et 36 minutes de TV par jour

Mediamétrie, 31 décembre 2018

4. Gratitude

Counting Blessings Versus Burdens: An Experimental Investigation of Gratitude and Subjective Well-Being in Daily Life, Emmons and McCullough (2003)

5. Hypothalamus

The Neural Basis of Human Social Values: Evidence from Functional MRI, Zahn et al (2008)

6. Affirmation du jour

Crum A.J., & Langer, E.J. (2007). Mindset matters: Exercice and the placebo effect. Psychological Science, 18(2)

7. Mauvaise nouvelle

http://www.prnewswire.com/news-releases/dont-be-among-the-eighty--eight-percent-of-new-years-resolutions-that-fail-1126Five4799.html

NOTES

NOTES

NOTES

NOTES

NOTES

NOTES

NOTES

NOTES

NOTES